七條千恵美
Chiemi Shichijyo

The Teamwork

ザ・チームワーク

良質なチームワークを築く24の方法

はじめに

「チームワークはとても大切です」

これは、すでに多くの人に知られていることです。しかし、そうはいっても人と人とが集まれば、さまざまな問題が起こってきます。育った環境や考え方、価値観の相違、常につきまとう個人の感情。

こうした要素に起因して、**職場内でのチームワークの醸成に悩んでいる人**は少なくないと思います。

チームで何かを成し遂げる醍醐味は、**「一人では不可能なことを可能にする」**ことです。また、個人のもつ能力の単純な足し算ではなく、それ以上の成果を導き出すことにあると思います。

しかし、やるべき仕事は大変ではなかったにもかかわらず、チームメンバー同士の関係に疲弊してしまったという経験はありませんか？

反対に、「大変な仕事」といわれていることでも「誰とチームを組むか」によって、充実度や達成感を味わったことはないでしょうか。

同じことをする場合でも、「誰」とチームを組むのかということは、私たちの心に大きな影響を及ぼします。そして、メンバー一人ひとりの意識が作りあげる「チームワーク」というものが、**仕事全体の質を大きく左右する**のだと思います。

また、良質なチームワークというものは、チームメンバーを**イキイキとさせるだけではなく、その周囲にいる人をも魅了**します。そのチームや組織を愛し、自分の役割に責任と誇りをもって取り組む姿勢は、周囲の人の心を動かすのです。

私は、国内大手航空会社に客室乗務員として18年間在籍し、そこで多くのことを学ぶ機会に恵まれました。なかでも「チームワークの大切さ」は、非常に大きな割合を占めています。
チームワークが仕事の質を左右し、そして、その仕事の質がお客さまからの評価に繋がり、結果として、チームで働くことに対する喜びや遣り甲斐を得ることができることを経験してきました。

元CAが書く本というと、「おもてなし」に代表される「心」を扱ったものや、「しぐさ」や「表情」というような視覚的印象を磨く類のものがとても多くあります。
私も、接客についてはただならぬこだわりをもっておりますが（笑）、CAがお客さまの前でいいサービスを提供するためには、やはりなんといっても**「良質なチームワーク」が絶対に必要不可欠**になってきます。

また、CAの仕事は「接客サービス」にスポットライトが当たりやすいのですが、実はその何倍も重要な「保安要員」としての役割を担っています。どのような職場でもチームワークは大切ですが、とりわけCAのように「安全」というものに携わる仕事では、「良質なチームワーク」があってこそ、成り立つ側面があります。

とはいうものの、保安要員としてもサービス要員としても良質なチームワークを保つためには、ただ単に「チームワークを良くしたい」という気持ちだけでは難しいのです。

「想い＋具体的な方法」があってこそ、チームワークは安定して保つことができるのです。本書でご紹介している内容が、皆さまの職場でもお役に立てば幸いです。

実はこの本は、アルファポリス社のウェブサイトで連載していた記事が書籍化されたものです。「書籍化」という前提がなく肩の力を抜いて書き進めてきたことが功を奏したのか、お陰さまでご好評をいただき、このたび書籍化というはこびとなりました。

ＣＡのチームワークについてご紹介していく中で、ふだんあまり表には出ないＣＡ同士のエピソードにも触れることとなりました。

記憶から消してしまいたい私の失敗談も**「チームに救われた貴重な経験」**ということで、本書に登場します。そのあたりもお楽しみいただきながら、読み進めてくだされば幸いです。

良質なチームワークは質のよい仕事に繋がるだけではなく、そのチームに属する**メンバーの心をも満たし**ます。

しかし、これは簡単なことではありません。だからこそ、良質なチームワークが根付いたチームは**本当の意味で強い**のです。

一朝一夕で育つものではないため、考え方や決まりごとの徹底には時間を要することですが、それを越えるだけの価値あるものが**「職場でのチームワークの醸成」**なのです。

せっかくのチーム。そこに集まったメンバーが充実した気持ちで満たされ、チーム愛をもつ人が一人でも増えることを祈っております。

平成29年1月　株式会社 GLITTER STAGE 代表取締役　七條千恵美

目次

Contents

Chapter 2

第2章 大切なのはメンバー同士が情報を共有すること

KEY POINT 2

第4章 Chapter 4

目標は全員が「強くて優しい〝個〟」になること

Chapter 1

第1章

よい仕事をするチームが実践している
6つの心がけ

Section 1

個々の取り組みの姿勢が良質なチームワークを醸成する

メンバーが気持ちよく協力しあえるのがチームワーク……………

フライトというものはCAにとって実にさまざまな事態が起こります。「天候上の理由で短いサービス時間しか確保できない」「クレームの発生」「急病人が出る」などがその一例です。

しかし、航空会社はどのような状況でも、お客さまにとって「安全で快適なフライト」をお約束しています。ですから、どんなときでも、「安全と快適性」を疎《おろそ》かにすることがあってはなりません。

その大前提がある中で、突発的に起こるあらゆる状況は、通常時よりもさらなる精神的・肉体的な負荷がかかります。

なぜならば、これらの対応に必要な準備や片づけ、報告書類の作成などの、いわゆる作業部分が増えるからです。（お客さまの対応部分は決して「作業」ではありません！）

それに、仕事量が増え、慌ただしさが増したからといって、それをサービス品質が落ちる言い訳にはできません。クレーム対応をしているときでも、急病人の対応をしているときでも、そのお客さま以外の方への配慮も欠かすことはできないのです。

こうした状況においては、チーム全員がパーフェクトな仕事をする集団であれば、何の問題もないでしょう。

誰一人漏れることなく業務上のスキルに長けており、気働きにおいても最高のパフォーマンスを発揮することのできるメンバーばかりであれば、特にチームワークがなくとも、厳しい状況を切り抜けることは容易かもしれません。

しかし、**チームを構成するメンバーのスキルには、多かれ少なかれバラつきがある**ことがほとんどです。世の中、そんなに甘くはないのです。

だからこそ、お互いに気持ちよく協力し合えるチームワークが必要なのです。

人の心を動かすのは能力ではなく取り組み姿勢……………………

では、チームメンバーのスキルにバラつきがあるとき、お互いがストレスを生むことなくフォローし合うために必要なことは何でしょうか？

それは、**個々人が周囲からの「協力・共感・応援」を引き寄せられる人**かどうかであると思います。

もちろん、プロとして働く以上は、たとえそのとき一緒にフライトをするメンバーに対して何か不満があったとしても、そこに私情を挟むことがあってはなりません。

制服を着てCAとして乗務するということは、その航空会社の掲げる理念の遂行が最も大切なことです。**個人的な感情によって、お客さまにご迷惑をかけることなどは論外です。**

私がお伝えしたいのは、お客さまにとって素晴らしいフライトにするために必要なチームワークは、**「困っている仲間を助けたい、手伝いたい、応援したい」という気持ちからくる自発的な行動**であるということです。

これが自身やチーム全員にとって喜びを伴うものであるということです。「仕事だから義務として助ける」という種類のものとは違います。

では、どのような人であれば周囲に「喜んであなたの仕事を手伝いたい、助けたい、応援したい！」という感情を抱いてもらうことができるのでしょうか？

私は特に、「新人の役割」を明確にしたほうがよいと思っています。まだ業務知識も乏しく、接客経験も浅い新人です。先輩に比べて仕事上のミスが多くなることは、皆さまのご想像通りです。

ところがCAの場合、機内では新人CAはお客さまからお叱りのコメントを頂くことはほとんどありません。それはなぜだと思いますか？

月並みな言葉になってしまいますが、それは**「一生懸命だから」**です。

まだまだ仕事上のスキルはおぼつかないですが、**ひたむきに目の前のお客さまや仕事に向き合う姿勢は、多くのお客さまや仲間からの応援を引き寄せます。**

つまり、新人であってもベテランであっても、**もっている力の中で精一杯の努力をしている人は、周囲が助けたくなるのです。**

人の心を動かすものは、能力ではなく取り組みの姿勢なのです。

このようなことを書くと「キレイごとじゃないのか」「結果がすべてだろう」と

おっしゃる方もいます。もちろん、そうした価値観も否定はしません。
企業である以上は、利益を出すこと、つまり、結果を重要視するのは当然のことです。とはいうものの、**結果ばかりを重視していると、しだいに理念が置き去りになってしまう**ような気がするのは、私だけでしょうか。

企業理念に「お客さまへの感謝」「感動○○！」と謳っている企業や店舗をよく見かけますが、現場で大切にしていることと企業理念がチグハグになってはいないでしょうか？

つまり、**企業としての結果を出すために、チームのメンバーそれぞれが素晴らしい仕事をする必要がある**のです。そして、そのチームのメンバーが素晴らしい仕事をするために必要なものが、まさにチームワークなのです。

もちろん、一人ひとりの高いプロ意識は欠かせません。しかし**一人でやれることには限界があります。**チームの中でお互いがストレスなく助け合える環境は、心身ともにストレスを軽減させてくれます。

そして、その分のエネルギーを、存分にお客さまに向けることができるのです。

良質なチームワークがもたらす最大のメリットは、「心に余裕を生み出すこと」なのです。

お客さまに対し、心に余裕をもって接することができること。それは、CAとして最も大切なことであるとともに、CAたちが「そうありたい」と望む姿です。

ですから、チームワークのよい仲間とのフライトは、たとえ満席で体力的には少々きついものであったとしても、心地よい達成感に包まれたものになるのです。

お客さまにとっても、サービスの現場にいるCAにとっても、企業にとっても、三者に恩恵をもたらしてくれる「良質なチームワーク」。

こうしたよりよいチームワークを育てていくためには、**風通しのよい企業風土の構築と、それぞれの取り組み姿勢の見直し**が必要になるのではないでしょうか。

この**「心地よい達成感」**は**「遣り甲斐」**という言葉に置き換えられるかもしれません。このような経験はないでしょうか？

体力的に負荷が大きい作業、繁忙期の混雑、眠い目をこすりながらの残業……。体はヘトヘトなはずなのに、しかし、それが終わったときに仲間と心からの笑顔で「お疲れさま！」と労《ねぎら》いあうこと。

そして、もうその日の仕事は終わったにも関わらず、まだまだその内容について時間を忘れて語り合ったり、苦労話がいつのまにか笑い話のネタになっていたり（笑）。

このような時間を仲間と共有できるときは**充実感**や**幸福感**に包まれます。

チームワークのよい仲間たちとの仕事は、さまざまな**マイナス要因を跳ね返すパワーを持っている**のでしょうね。もちろん、健康を損ねるような働き方はよくないことですが、精神的に満たされた環境で働けるということは幸せなことです。

Section 2

ミスをしたときにこそ問われるのが「チームワーク」

再発防止の観点でミスを分析する

「風通しのよい企業風土」、それが理想的であるということは、皆さん百も承知だと思います。しかし、**現実にはさまざまな軋轢《あつれき》があり、なかなか思った通りにはいかない**……。という職場も多いのではないでしょうか?

風通しが悪い職場は、お互いにストレスを生むことになり、仕事の効率も悪くなります。しかし、**効率が悪くなること以上のリスクとなるのは「ミスが起きやすくなること」です。**ましてやお客さまの命にかかわるようなミスは、決して許されることではありません。

けれども「人間はミスをする生き物」です。**これまで一度もミスをしたことがない完璧な人はいない**はずです。だからこそ、一人の目だけでは見落としてしまいそうな出来事を、複数の目や五感で防ぐことが必要になってきます。

では、「どうやってチーム全体でミスを防いでいくのか?」と考えたとき、そこには良質なチームワークが必要になるのです。

つまり、**組織として大きなミスを起こさないためには「風通しのよい企業風土」が絶対に必要**なのです。「大きなミスを起こさない」ということは、**仕事の効率よりもはるかに大切なこと**だと、私は思います。

チームとしての成果を考えたとき、もし、誰かがミスをしたとしても、その人だけに責任を押しつけ、**ミスを責めて罵倒《ばとう》するようなことがあってはなりません。**

もちろん、ミスをした本人にも反省すべきところはあると思います。しかし、**必要以上に個人を責めて追いつめることは、かえって事態を悪化させる**ことにもつながりかねません。

それに、当然のことながら、人としてもそのような個人攻撃はしたくないものです。

チームとして目指すところは、「組織として大きなミスを起こさない」ということです。一個人のミスを責めるよりも、**「どうすればミスは防げたのか？」という再発防止の観点でミスを分析する**ことが重要です。

ミスを分析するうえで、ミスをしてしまった本人から状況を聞くことが必要となります。そのときに、**「責められる」「怒られる」「罰を受けるかもしれない」という精神的な圧迫があると真実を語りにくい**ものです。

人によっては厳しい注意や罰が、ミスに対する抑止力になることもありますが、他者からの批判を恐れて**ミスを隠すことを考える人が多い**ことは、世の中に流れるニュースを見ていても明らかです。

だからこそ、**大きなミスになる前に、小さなミスを皆の前で開示し、再発防止策を**

取れるような風土づくりが必要なのです。

メンバーの誰かのミスを聞いたとき、「自分もやってしまうミスだったかもしれない」「他人事ではない。明日は我が身。気をつけよう」というように相互で気づき合うことが大切です。

また、自分自身がミスを起こした当人ではない場合でも、**「この人のミスを防ぐために、自分にできることはなかっただろうか？」**というような考えをもつことのできる仲間でありたいものです。

風通しのよい企業風土づくりを理想にしない

そして、チームメンバーのした仕事を見て「おや？　なんか変だな？」と感じたならば、「まあ、いいか」ではなく、**必ず確認を取れる関係性が必要**です。

「仲間のことを信頼しているから確認しなくても大丈夫」というのは、万が一のときに、大きな問題に発展しない案件だと断言できるならば、それでもいいかもしれません。

しかし、私は、**躊躇《ちゅうちょ》することなく確認できる仲間こそ、本当の信頼関係ではないか**と思います。

何か問題が起きたときに、後になって「気づいていた・知っていた」という人がいます。「なぜそのときに言わなかったのか？」と考えたとき、「大丈夫だと思った」「面倒臭かった」「どうせ言っても聞いてもらえないと思った」……。などなど、さまざまな理由がそこにはあると思います。

過去に「何かおかしいかもしれない」と気づき、提言したにもかかわらず、聞き入れてもらえなかった人は、その後どうするでしょうか。

チームでのゴールを見据えて、あえて勇気をもってミスを指摘したにもかかわらず、その行動が「生意気だ」という評価になってしまった人は、その後どうするでしょうか。

強い心や信念をもっている人ならば、何があってもチームが目指すゴールがブレることはないでしょう。多少傷つくことがあったとしても、チームとして大きなミスを起こさないための努力を怠ることはないと思います。

しかし、人の心は繊細です。**思い切って声にした提言が一蹴されたとき、「もう二度と声には出さない」と誓ってしまう人もいる**と思います。チームを想っての勇気ある行動は、**チームを愛している証拠**です。そのような行動は賞賛に値するのではないでしょうか。

それぞれが**「自分はチームの一員である!」という誇りをもてるような環境づくり**は組織の発展のために不可欠であると思います。だからこそ、**風通しのよい企業風土づくりを「理想」のままにせず、現実として、日常として捉えていただきたい**と思います。

Section 3

人の心を動かす「質の高いチームワーク」

メンバー同士の気持ちがチームの「質」を変える……………

「これまでの人生で、誰にも迷惑をかけたことがない」という人は誰もいないはずです。そのときに、アナタを助けてくれた人は誰だったでしょうか？

また、仕事でミスをしたときに、フォローしてくれたのは誰だったでしょうか？

もしも「失敗だらけの自分なのに、いつも周りが助けてくれる」と感じているのならば、なぜそのようなことが起こるのだと思いますか？

血のつながりのある親子ならば、育児で大変な思いをすることや、子供のために頭を下げることがあったとしても、親の愛情や責任がその行動を後押しします。

たとえ、何度も同じ失敗を繰り返したとしても、腹を立てながらも決して見放すことはありません。そこには、**何にも代えがたい深い愛情**があるからです。

では、仕事仲間の場合はどうでしょうか？

プライベートでお付き合いをする仲間であれば、互いの価値観に共感できる仲間が集まります。しかし、仕事となると自分の好きな仲間同士が必ずしもチームを組めるとは限りません。

仕事のやり方や日頃の態度など、他人と自分との価値観の違いにストレスを感じることは、多くの人がもつ悩みの一つではないかと思います。仕事である以上、私情を挟むことがあってはなりませんが、やはり**人間である以上、そこにはどうしても感情が伴います。**

そんななかで、自分がミスをしたにもかかわらず、いつも誰かが気持ちよくサポートをしてくれるという人は、きっと周囲に**「この人のためにひと肌脱ごう！」と思わせる何かがある**はずです。

その「何か」を紐解いていくと、それはやはり、その人の日頃からの周囲への心くばりや、仕事に対する向き合い方にあると私は思います。

仕事仲間である以上、助け合うのは当然のこと。

しかし、誰かがミスをしたときに、**「この人が困っているなら何とかしてあげたい！」**という気持ちのサポートと、業務としてやらざるを得ないという気持ちのサポートとでは、**チームとしての仕事の「質」が変わってきます。**

なぜならば、前者は「この人はミスをしたけれども、なんとか役に立ちたい。応援したい」という**プラスの発想が引き起こす行動**だからです。そこには、喜びや愛情が伴っています。しかし、後者は「仕事だから仕方がない」という、あくまで義務感です。当然喜びなどはなく、むしろ場合によってはマイナスの感情があるかもしれません。

「応援したくなる人」になることが大切

ＣＡのサービス訓練教官だったころ、私の使命は「お客さまに愛される乗務員」を育てることでした。それに加えて、私が願っていたことは、**「お客さまだけではなく、仲間にも愛される乗務員であってほしい」**ということでした。

チームで行う仕事は、仲間に愛されてこそいい仕事ができるものだと思います。特に接客という場面においては、チームメンバーの人間関係が醸し出す雰囲気が、お客さまに与える影響は大きいものです。

お客さまからの声で、このようなものがありました。

「新人ＣＡの不慣れなサービスを先輩ＣＡたちが温かい目で見守り、フォローしている姿に心が温かくなった」

この声を聞いたとき、不慣れな新人に愛情をもって接している中堅CAの姿と、不慣れながらも懸命に仕事に取り組む新人CAの姿が浮かびました。

この新人CAを指導したことのある私にとっても、大変嬉しいお客さまの声でした。彼女はいつも自分に自信をもつことができず、心に余裕もなかったと思います。きっとお客さまの前で笑顔さえも忘れていたかもしれません。

しかし、**彼女の真面目で一生懸命な姿は、先輩CAたちの愛情と応援を引き寄せた**のだと思います。その両者の姿こそが、お客さまの心を打ったのです。お客さまの心を動かしたという視点で言えば、これは、質の高いチームワークが発揮された事例と言えるのではないでしょうか。

また、このような話は、新人のフォローに限ったことではないと思います。上司や先輩が窮地に立たされているとき、「この人のためなら！」といつも以上の力を発揮してくれる部下や後輩がいるチームと、「仕事だから仕方がない」という義務感でしか部下や後輩が動かないチーム。後者はチームワークがいいとはいえないですよね？

結果として表れてくるものも、どちらがいいのかは、まさに明白です。

しかし、誤解していただきたくないことがあります。

「自分は、いつミスをするかわからない。そのとき、誰かに助けてもらうために普段から周囲に気配りをしよう。真面目に仕事をしよう」ということが、私がお伝えしたいことではないのです。

そのような**「自分のミスを助けてもらうために」という発想は、その時点ですでに自己中心的であるからです。**

極端な話をすれば「誰にも助けてもらえなくても」そうすべきだと思います。なぜならば、**本当に周囲から応援される人というのは、駆け引きのない美しい心をもっているから**です。

アナタの周りにいる、アナタがつい「応援したくなる人」はどんな行動をしている人ですか？

Section 4

チーム内における役割とその重要性

新人には新人の役割がある

ここでは、**チームを構成するそれぞれの人がもつ役割**について解説します。たとえば、スポーツの世界においても、チーム全員の個々の能力が長けているからといって、必ずしも毎回優勝するとは限りませんよね。

CAの世界でも、それと同じことがいえます。新人のCAは当然のことながら、知識や経験が乏しいです。ですが、先述のように**新人には新人の役割がある**のです。

私は、訓練生を空へ送り出すときに、いつもこのような質問をしていました。

「あなたたちの役割は何だと思いますか？　現場に行けば間違いなく先輩CAから教

えてもらうことばかりです。ときにはチームの足を引っ張ることもあるでしょう。それでも、あなたたちには新人ＣＡとしての重要な役割があります。仕事で貢献することはできなくても、やれることはあります。それは一体何ですか？」と。

『訓練生』というバッジを受け取った彼女たち。たくさんの試練を乗り越えて「まもなく空へデビュー」という喜びも束の間、初フライトを前に「未知の世界への不安」と「自信のなさ」に心が押しつぶされそうになっているのです。

私の問いかけからしばらくすると、訓練生の中からポツリポツリと答えが出はじめました。「とにかく笑顔」「何があっても元気よく」「フレッシュさを出す」「謙虚に教えていただくという姿勢」「早めに出社してフライト前の準備を率先してやる」「しっかりと自宅で事前学習をしてくる」「指摘されたことを素直に受け止める」「先輩にもお客さまにも感謝する」などなど。

こうやって聞いてみると、どの答えも当たり前のことばかりかもしれません。しかし、この一見ごく当たり前のことが全部できているると、胸を張って答えられる人はいるでしょうか？

私は、職場にフレッシュな風を吹き込むことが新人ＣＡの役割だと思っています。それは、仕事に慣れてきたことで、初心を忘れかけている先輩ＣＡたちに「大切な当たり前のこと」を思い出してもらうことです。

新人ＣＡたちの真摯な姿こそが、周囲に「初心」を思い出させる起爆剤となる。**それこそが新人の役割である**と思っています。

一方、中堅の働きもチームには欠かせません。実際、ＣＡの世界でも中堅がしっかりと「チームの要」として機能しているとき、フライトはとても素晴らしいものになりました。

満席時は非常に忙しく、また空席がない関係上、さまざまなご要望にお応えすることが難しい状況です。そのフォローのために、お客さまのもとに何度も足を運ぶことがあります。つまり体力的にはとても疲弊しているはずなのです。

しかし、中堅ＣＡがそれぞれのクラスで振るう采配により、チーム全員の心身の疲れが軽減され、質の高いサービスを提供することができるのです。

無駄や無理のないサービスプランの作成、後輩への的確な業務指示、他のクラス担当ＣＡとの相互ヘルプの計画、先任ＣＡへのきめ細かい報告、先任から受け取った情報の共有など、これらの業務を的確に実施できることが、中堅ＣＡとして求められることでした。

しかし、これらの業務は、いわゆる「決まりごと」であり、慣れてしまえば誰にでもこなせることでもあります。

チームの要として最も大切な役割は、リーダーと新人、両者の理解者になることです。

フライトを構成している**チーム員は「人」です。**人は感情の生き物です。ですから、新人には新人なりの考えや想いがあることに気づき、その気持ちをくみ取ってあげることが大切なのです。

そして、最高責任者である先任CAには、安全かつ快適なフライトを遂行する責任があります。その重圧を理解し、**先任が先任にしかできない業務に安心して集中できる環境を作ること、これも中堅の役割なのです。**

リーダーは「人」として背中を見せる

リーダーとして最も重要な役割とは、何でしょうか。

私が最も尊敬していたチーフについてお話ししたいと思います。

CA時代は毎年グループ替えがあったのですが、このチーフとの最後のフライトでは、思わず涙が出るほど大好きな方でした。

とにかく冷静沈着、頭脳明晰、語学堪能。どこをとっても私など足元にも及ばないチーフでした。この方は数多くの尊敬できる面をおもちでしたが、「リーダーの在り方」として尊敬していたのは、**「チーム員に対する公平なジャッジ」**です。

自分に懐《なつ》く部下を可愛がる人は多いです。しかし、彼女は、チーム員の仕事のやり方と日頃の在り方について、公平なジャッジを下す方でした。

また**常にサービスポリシーがブレない**ところも尊敬していました。一見クールな方でしたが、絶妙なタイミングで高度なギャグをおっしゃる方でしたし、根底に大きな愛のある方でした。

知的で信念もあり、冷静な見方ができて、愛情やユーモアもある。そんなチーフのことがみんな大好きでした。チーフとのフライトそのものが喜びでもあったのです。

つまり、**リーダーは「人」としての背中を見せることが最も大きな役割**なのです。躍起になって指示を出さずとも、チーム員がリーダーを尊敬していれば、自然と仕事はうまく回ります。

チーム内での立ち位置が上がれば上がるほど、「自分の在り方が問われる」。私はそのようなことを彼女から学びました。

Section 5

「企業理念」と「マニュアル」の意義

組織を構成しているのは「生身」の人間

物も情報も溢れ、生活という意味では便利になりすぎた面もある昨今、デジタル化が進み、ネットでノウハウが無料で手に入り、何でもボタンひとつで済んでしまう時代になりました。

その結果、**リアルなコミュニケーション（実際に人間同士が会って対話すること）を苦手とする人が増えているように思います。**

他人に興味がない、たとえ同じチームであったとしても他のチーム員に興味がない、そのような人が多い環境では、やはり**質のよいチームワークは育ちません。**そうすると、**チームとしての目標達成も困難になる**でしょう。

技術の進歩や便利な時代の恩恵は感謝して受けつつも、**組織を構成しているのは「生身の人間なのだ」ということ**を忘れないようにするのが、やはり現代社会ではとても重要だと思います。

そして、生身の人間同志が「良質なチームワーク」を育むためには心の醸成が不可欠だと思います。心や感性が育っていなければ、「企業理念とマニュアル」の解釈にもズレが生じてしまうからです。

さまざまな職場においてマニュアルが存在していますよね。マニュアル通りにしか動けない人材が増える中、**私はときに反マニュアル説を唱えます。**

しかし、正確に私の想いを伝えるならば、**「マニュアルは最低限の安全やサービス品質を保つためには必要」**だと思っています。

問題なのは、マニュアルが存在することではありません。本質的に問題だと思うのは、**マニュアルに書いていないことや、マニュアルの解釈に迷う場面に遭遇したとき**

に、適切な判断ができない人材が増えていることです。

マニュアルはあくまでも「手順」の列記にすぎません。しかし、その手順書の存在に縛られて、**最も大切である「企業理念」が置き去りになる**ケースが少なくないということ、それが私が最も危惧《きぐ》することなのです。

マニュアルの行間を読む

たとえば、サービス品質にこだわりをもつCAの世界にも、このような混乱があります。エコノミークラスには、お客さまのお召しものを預かるためのコートルームはありません。それゆえに、決まりごとでいえば、その「手順」はありません。

それにいくら「すべてのお客さまに最高のサービスを提供したい！」と思ったとしても、すべてのエコノミークラスのお客さまのお召し物を預かることは困難です。

物理的に収納スペースもありませんし、そのサービスに対応する乗務員の数からみても、やはり難しいものです。とはいうものの、一生の記念となる海外での挙式のために、機内にウェディングドレスを持ち込まれたお客さまのお申し出の場合はどうでしょうか？

こんなときこそ、チームワークがおおいに問われます。私と一緒にフライトをした多くの仲間たちは、「一生の思い出となる挙式で着るドレス、シワにならないように何とかしてお預かりしたい」という想いをもっている人がほとんどでした。

たとえ、そのお客さまがエコノミークラスのご利用であったとしても、迷うことなくビジネスクラスやファーストクラス担当の乗務員と連携をとり、「上位クラスにあるコートルームにドレスを収納するスペースがあるかどうか」「到着してからどこで誰がどのタイミングでお客さまにドレスを返却するのか」を考えます。

さらに「その情報を誰がお客さまにお伝えするのか」「ドレスがシワにならないよ

うに、そして『万が一にも汚すことがないように』との注意喚起をどのように徹底するのか」などを**即座にチームで考えて対応し、滞ることなく進みました。**

そこには、マニュアルの縛りはありません。**あるのは、大切にしたいと思っているお客さまの「安心と笑顔」、追い続けたい目標や企業理念だけなのです。**

さらに付け加えるならば、サービスマニュアルに「○○をすること」と書いてあったとしても、それに従わないこともあります。それは、**そのサービスが状況によってお客さまの安全や満足につながらないと判断したときです。**

つまり、**企業理念の遂行や目標達成に必要なチームワークを育むには「仲間たちと〝どこ〟に向かっているのかを明確にする」**ことが大切なのです。

マニュアルはあくまでもマニュアル。最低限の品質を保持するために必要なものではありますが、手順に縛られることよりも、**「仲間とともに向かう先を明確にすること」**で、より一層**チームとしての結束力は高まる**のです。

「マニュアルの行間を読め」。これは私が新人のときに先輩ＣＡから言われた言葉です。

今でこそ、長年の乗務員経験やサービス訓練教官の経験を元に記事を書き、研修や講演をする立場ではありますが、こんな私にも可愛い新人ＣＡのころがありました（笑）。

その経験をふまえると、同じチームでフライトをする中では、**新人の役割、ベテランの役割、リーダーの役割**が明確にあります。そして、**それらのバランスがうまく取れているとき、チームは大きな力を発揮する**ことができるのです。

Section 6

チームワークとは何か？

チームを構成する一人ひとりが強く優しい「個」であることが大切……

華やかに見えるCAの世界は、実は厳しい世界でもありました。

現在は昔ほどではないのかもしれませんが、新人CAと先輩CAの上下関係は体育会のようなものがありましたし、体力の限界を感じるほどのハードワーク、そして、限られた時間内で求められる水準の高いサービス……。

大変だったことを挙げればきりがありません。

しかし、過酷な状況や場面に遭遇することが多かったにもかかわらず、それでも私にとって、職場はとても大切で大好きな場所でした。その**チームの一員であることに**

喜びを感じていたのです。

そこで、何に喜びを感じていたのかと自分なりに分析してみると、いつくかの理由が見つかりました。

一つの仕事に慣れてくると次のステージが待っており、**「自らが成長できる環境で**

あったこと」も理由の一つです。

しかし、最も大きな理由は、**「誇りをもてる良質なチームワーク」**があったからと

いう答えに辿りつきました。

どんな仕事にも当てはまることだと思いますが、「何をするか」よりも「誰とチー

ムを組むか」は、感情を大きく左右すると思います。

では、**良質なチームワークを作っていたのは誰か**というと、それは紛れもなく、**そ**

のチームに属しているメンバーです。

基本的に前向きで、誰かの役に立ちたいという貢献や奉仕の精神をもった心優しい

人が集まる職場であったことは事実です。しかし、それ以外にも何かチームワークに

プラスの影響となるものがあるのではないかと考えました。

「はじめに」でもお伝えしたように、ＣＡは保安要員です。お客さまの心に寄り添う繊細な感性や難しいご要望にもなるべく「ＮＯ」といわずに対応する柔軟性は、接客という場面では必要です。しかし、一刻を争う緊急脱出時には、混乱するお客さまを冷静かつ機敏に大声で誘導する責任があります。まさに**「私がやらなきゃ誰がやる」**という覚悟がいるのです。

元の性格がそうしたことが苦手であろうとなかろうと、それを訓練の中で習得し、合格しないと乗務することはできません。

つまり、「たくましさ」や「強さ」を当たり前に体得しているのがＣＡなのだと思います。

私がお世話になった上司や先輩方、同期の仲間や後輩たち。優しさの中にも「たくましさと強さ」をもつ人が多かったです。

「強さと優しさ」は良質なチームワークに大きく貢献するものです。もちろん、困ったときに助け合うのは人としても当たり前のことですし、それがチームワークでもあると思います。しかし、**「まずは自分の足でしっかりと立とうとする姿勢」**が必要です。

助けてもらうことを前提とした甘えは、仕事には相応しくないと私は思います。また、楽しいチームであることはよい雰囲気を作りますが、仕事においては「楽しい」と「慣れ合い」を混同するのは避けたいところです。

このようなことを書くと、「厳しい」とか「今の時代には合わない」というご意見もあるかもしれません。いろいろな考え方、生き方があり、選択肢はたくさんありますが、「そうでなければダメ」なのではなく、本気で**「チームで決めたゴールに向かう取り組み」の中でチームワークは磨かれていく**のではないでしょうか。

チームを構成する一人ひとりが強く優しい「個」であること。そこにいる個々の人々が他に依存することなく、懸命に目の前の出来事と向き合う姿こそが、良質なチームワークを育むうえでの**初めの一歩**だと思うのです。

また、「協調性」という言葉を都合よく解釈し、問題解決や軋轢から目を背けていることはないでしょうか。もちろん、いたずらに摩擦を起こす必要はありませんが、**乗り越えるべき課題を他人事としか捉えていない人**が多い環境では、決して「良質なチームワーク」は育たない。私は自身の経験からそう思っています。

「良質なチームワーク」のために最も重要なことは、**「なぜ」「何のために」「どこを目指すのか」**に着目し、一つひとつの課題を**チーム全員で解決していく**ことなのです。そしてそこには、個人のプライドやエゴが介在してはいけません。

こうしたことを文章で書くのは簡単です。ですが複数の人間が集まると、個人の感情やしがらみが絡むことがあるのが難しいところです。

だからこそ、あらゆる人たちと**日頃から良好な人間関係や信頼関係を築いておくこ**

とが、レベルの高いチームワークを発揮するためには欠かせません。

特に仲間に対しては、**常に愛と敬意を忘れてはならない**のです。これは、相手が先輩や上司であっても、部下や後輩であっても変わらず大切にする必要があります。

本音で意見をぶつけ合える環境を整備する

「良質なチームワーク」を育むためには、まず一人ひとりが強く優しい「個」であることが重要だと先ほどもお伝えしました。そして、チームや組織で目標を達成するために、**本音で意見をぶつけ合える環境を整えることが最大のキー**となるのです。

その最大のキーとなる環境を作るためには、仲間との良好な関係を築くための**「コミュニケーション能力」が何よりも重要**といえるでしょう。

チームが一つになることができれば、**「1+1=2」**という単純計算ではなく、それぞれが持つ力が相乗効果を発揮して**「1+1=3」**になるとよく言われます。そうして実際に私も、自身の経験からそう確信しています。

しかし、企業理念の遂行や目標の達成を考えるとき、**最もフォーカスすべきは「個人の在り方」**に尽きると思います。

いくらチームだ、組織だといっても、それを構成しているのは紛れもなく「個」なのです。

朝礼などで何度も企業理念の唱和をすることに効果がないとはいいません。ですが、これを「やらされている」と感じている人にとっては、極めて効果は低いと言わざるを得ません。

まずは、それぞれの人間がチームを構成する一員として、**「自分がどんな人で在りたいのか」「仕事を通じてお客さまに何を提供したいのか」**ということを**真剣に考える**必要があると思います。

私は入社時のレポートに、「出会ったお客さまを一人でも多く自社のリピーターにする！」と書いていました。その想いは、入社時から退職までいささかも薄れたりしませんでした。
しかし、その想いを継続することができたのは、自分自身の想いの強さだけではありません。やはりそこには、多くの仲間と共有できた「お客さまに快適な空間を提供したい」「お客さまに安全、安心、上質なサービスを提供したい」という強い想いがあったからです。

同じ志をもつ仲間といっしょならば、たとえ満席でハードなフライトが続いたとしても、そのフライトを清々《すがすが》しい気持ちで終えることができました。そして、このような瞬間こそ、**「良質なチームワーク」の素晴らしさを実感する瞬間**でもあったのです。

「何をするか？」よりも「誰とチームを組むか？」。チームメンバー同士が相互に良質なチームワークを感じることができる環境は、強いチームを作る土台となっているのです。

KEY POINT 1

仕事ができる人とできない人の決定的な5つの差

「仕事ができる人」の定義とは

「仕事ができる人、できない人」とひと言でいっても、その定義はさまざまです。人によってはノルマ以上の数字を取ってくる人のことを「仕事ができる人」というかもしれません。また、個人でのノルマや売上が可視化しにくい仕事の場合は、お客さまからの褒詞《ほうし》の数やTOEICのスコアを指すかもしれません。

たしかに、わかりやすい「数字」を評価の対象にすれば話は簡単です。しかし、**「チーム」というまとまりで仕事をするときには、数字だけを評価基準にして「仕事ができる人、できない人」と決めるのは適切とは言えません。**

たとえば、「勝ち」にこだわるスポーツのチームを例に考えてみましょう。やはり、実際に得点をあげた人に注目が集まりやすいものです。

しかし、最後の得点を決めた人は一人かもしれませんが、**そこにつながるまでに他のチームメンバーの力添えがあったおかげかもしれません。**

また、「結果を出しさえすれば評価される。あとは何をやっても目をつぶってもらえる」という暗黙のルールが横行することで「自分は特別な存在だ」と思い込み、傍若無人《ぼうじゃくぶじん》なふるまいをするのはもってのほかです。

そのような職場は、チームワークが育たず、結果的にチームのゴールからは遠ざかってしまうことになるでしょう。

そのためここでは、**「チームワークの醸成に貢献できる人」**や**「チームにいるだけで他のチームメンバーにプラスの影響を与える人」**のことを**「仕事ができる人」**と定義したいと思います。

1. 行動力がある人とない人

何かを得るためには**「行動力」**が必要です。

ごくまれに、「棚からぼた餅」というラッキーもあるかもしれませんが、運を待っているだけの人や言い訳ばかりで動かない人に比べ、**「やると決めたらやる人」のほうが、チャンスや経験を得られるのは明らかです。**

しかし、未知の世界に向かうときは「不安」が行動を妨げてしまいます。また、やったことはあるけれどとても大変だった事柄は「面倒くさい」という記憶が、やる気の足を引っ張ってしまいます。

ただしそれは自然なことであり、そうした気持ちが湧くことは責められることではありません。

だからこそ、チームにおいては「やったことはないけどチャレンジする」「大変なことだけれど、やるしかない」という**ブレない強さをもった行動力のある人の存在**はチームに大きな影響を及ぼします。

なぜならば、**そのような人がいることで他のメンバーがいい刺激を受け、楽なほうに流されやすい一面をもつ人や受け身のチームメンバーが前に進むための原動力となるからです。**

たとえ、それでもなかなか火がつかないメンバーがいたとしても、どのような環境でも「やる」という姿勢を貫く人がいることで、そういう人の中にも「一人だけにやらせて申し訳ない」という感情が生まれるはずです。

それは前向きなものではないかもしれませんが、その姿を見て何かしらの感情が芽生えたならば、それも**「気づき」という成長**につながっていくはずです。

研修では常々、**「間違いを恐れないで」**と伝えています。仮に的外れな答えやパフォーマンスであったとしても、**「恐れずにチャレンジした」というだけで素晴らしい**ことです。それは先にも述べたように、**「前向きに行動すること」が**周

囲にもたらす効果が大きいからなのです。

「誰かがやっているから」ではなく、「誰もやっていなくても自分はやる」。このような人を「仕事ができる人」だと私が考えるのは、そのような理由からなのです。

2．失敗から学ぶ人と同じミスを繰り返す人

初めから何でもうまくできる人はいません。それに一度失敗を経験したからといって、次は必ずうまくいくということもありません。

ただ、**一度目の失敗理由と二度目の失敗理由が同じであるというのは残念**なことだと思います。

失敗は、放置すればただの失敗ですが、そこから学びを得ることができれば貴

重な経験になります。「どうして失敗したのか？」「次はどうすればうまくいくのだろうか？」というトライ&エラーを繰り返す人は、必然的に成長します。

また、そのような思考や習慣は、自身のことだけでなく、チームとして取り組む課題にもいかされるでしょう。

そうした意識がある人は、自分の失敗をチームで共有し、チームの中で同じミスが起きないようにという防止策の提示をすることにも積極的です。

そうすることで他のチームメンバーが誰かのミスについて、「自分もやったかもしれない」と捉えることが期待でき、自然と「では、どうすれば防げたのだろう」と常に自分事として考える流れをつくることができるのです。

「何ごとからも学ぶ姿勢」をもっている人は、チームの中で問題が起きたとき、柔軟に機転を利かせることにも長けており、皆が行き詰まったときに新鮮な切り口で助言をくれたりするものです。

研修において、そのような人がいるチームのグループワークは、「だったらこうしてみない？」「そうか、じゃあ次はこれでどう？」「○○だときっとこうなるよね？」と活気があり、意見交換が停滞することはありません。**失敗から得た情報をチームのためにいかすことは、他のメンバーへ新たな学びを提供しているのと同じです。**このように、活気あるチームワークづくりに貢献できる**「失敗から学ぶ人」は「仕事のできる人」なのです。**

3. 感謝の気持ちをもっている人

月並みですが、**「感謝の気持ちをもっている人」と「そうでない人」、それは雲泥の差だと思います。**

仕事においても、私生活においても、すべてが自分の思うようにうまくいくわけではありません。落ち込むことや腹の立つこともたくさんあります。

そのようなとき、人によって愚痴はNGという人もいるようですが、私個人としては、たまには愚痴もいいのではないかと考えています。

ただし、**愚痴を言ったあとの「着地点が重要」**だと思うのです。

不平不満しか目に入らない人は最後まで愚痴ばかりで、「人が悪い」「環境が悪い」「会社が悪い」と他責です。

自ら行動しないので結果的に誰も幸せになることはありません。

しかし、感謝の気持ちをもっている人は、「なんだかんだいっても仕事ができることは幸せだ」「健康で働けることは幸せだ」「愚痴を聞いてくれる仲間がいて幸せだ」などと、**自分がいかに感謝できることに囲まれているのか気づく力**をもっています。

今の環境を変えることも、そこに留まることも自分の選択です。そこに居続けることを選んでいるということは、新しい環境に飛び込むよりもメリットがあると思っているからです。

私は組織というチームで仲間とともに働くことの素晴らしさと、ときおり感じる窮屈さを知っているつもりです。

また、独立起業した今は、チームメンバーのいない淋しさや経済的保証のない不安と、自分の選択でものごとを進めていくことができる自由という喜びの両方を感じています。

つまり、どんな環境であったとしても同じです。そうであれば、**今いる場所、今一緒にいる仲間のよいところに目を向け、そこに感謝を示す**ことができる人のほうが、周囲へのプラスの効果は大きいのです。同じチームにいながら、そのチームへの不平不満しか表せない人は、みなのモチベーションをさげてしまうことでしょう。

今いる環境、現在、属しているチームへの想いというものは、メンバーに伝わります。**感謝の心は、数字に表すことはできませんが、みんなが幸せになるため**

のキーワードであると思います。

4．時間を守る人

こんなことは、「今さら書くまでもないか」とも思ったのですが、やはりこれは欠かすことができません。なぜならば、**「相手の時間」に対する配慮に欠ける人は、やはりチームワークにおいては大きなマイナス要因となる**からです。

個性や能力、学歴や育った環境、それは人によってバラバラです。しかし、時間の進むスピードだけは皆に平等に与えられています。

時は金なりともいうように**「時間」というのはとても貴重なものです。**集合時間に遅れない、予定した時間よりも延長しない、提出期限を守ることがなぜ「仕事ができる」ことにつながるのでしょうか？

その理由は二つあります。

一つ目は、先述の通り**「相手への配慮」**です。決められた時間でスケジュールを組んでいる人にとっては、その時間を目安にその他の予定を立てています。致し方ない理由ならともかく、安易な時間の変更や怠慢による時間の誤認は、とても困ることです。

万が一、遅れが発生するならば、それがわかったときすぐに連絡をするという機転があればいいのですが、まずは**「相手の時間を奪うこと」に対する意識がない**と、それさえもおざなりになる場合があるようです。

研修講師という仕事柄、いろいろな会社の担当者とメールや電話のやりとりをする機会がありますが、やはり、きちんと期限内に返信をくださる会社には信頼感があります。

しかし、誰もが知っているような大企業でも返事が滞《とどこお》ることや、安易な予定の変更がなされることがあります。

何度もいいますが、致し方のない理由ややむを得ない事情は誰にでもあることです。しかし、文面を見るとどうやらそれに該当するとは思えないことも多く、**「時間に対する意識の低さ」**を感じずにはいられません。

組織の窓口になっているということは、チームの代表です。マイナス要因を作ることは避けたいですよね。相手への配慮とともに、チームの信用を落としていないかという責任感も必要なのではないかと感じます。

二つ目は、**「自己管理」**です。時間を守る人というのは自己管理ができている証拠です。天候、時期、緊急事態への備え、それらを鑑《かんが》みて予定を立てることができるというのは、**時間の使い方が上手い人**です。自分の体調や仕事のスピードを把握しているため、ゴールから逆算して計画を立てることができ、目標達成しやすいのです。

先日の研修先で、担当者が「全員が遅れることなく課題を提出してくれた」と驚いていました。そして、それについてみんなを褒めたとも言っていました。

明るい話題として私に伝えてくれたことだったので、そのときには言葉を飲み込みましたが、正直なところ、**「それが当たり前ではないことに違和感をもってほしい」**と感じました。

厳しいようですが、「仕事ができる人」というのは、そういうことが当たり前にできる人なのです。誰か一人が提出遅れになると回収、処理を行う人の手を煩わせることになるのです。そのような**想像力をもった人**がチームにおいて「仕事ができる人」といえるのではないでしょうか。

5. 個人の評価よりチーム全体の成果を考えられる人

怒られるよりも褒められるほうが好きという人は多いと思います。褒められて嬉しいという素直な感情は大切にすべきでしょう。しかし、**過剰な承認欲求はチームワークという側面から見るとプラスにはならない**といえます。

グループワークを見ていると、そのような人がいるグループは、その人が積極的に発言をするため、パッと見た感じのチームの雰囲気は明るいです。

しかし、どことなく「自分に注目してほしい」という空気が醸し出されており、ベクトルがチームの成果ではなく、「自分」に向いていると感じることがあります。

一方で、チームメンバーの声をまんべんなく拾うため、自分ばかり話さずに「○○さんはどう思う？」と他のメンバーにも問いかけをし、**発言しやすい空間づくり**に尽力している人も見かけます。

明るく元気があるのは悪いことではないのですが、あくまで**個人の評価よりもチーム全体の成果**に比重をおいた言動ができる人のほうが、チームワークということを考えると「仕事ができる」ことになると思います。

Chapter 2

第2章

大切なのはメンバー同士が情報を共有すること

Section 7

情報の共有化は意外と難しい

とにもかくにも「報告」が第一

以前、企業研修を依頼していただいた会社の社長さんと打ち合わせをしていたときに、こんなお悩みを聞きました。

「自分が会社にいないときに、店にきたお客さまがスタッフにお土産をくださった。しかし、そのことについてスタッフから報告がなく、後日そのお客さまにお目にかかったにもかかわらず、お礼をすることもできなかった」

「報・連・相」が大切だとよく聞きますが、おそらくどの職場でも「報告がない」「連絡がない」というお悩みは多いような気がします。

情報を共有していないことで、お客さまへの失礼が起こりがちです。しかし、それだけではありません。**チーム内で同じ情報を共有できていないという事態は、別の角度から見ても多くの弊害が出てきます。**

私が新人ＣＡのころに受けた訓練の中で、驚いたことがありました。それは、**これでもかという程に細かい報告を義務づけていること**でした。正直にいうと、「こんなに何度も報告すると、報告された側は仕事の邪魔になるのでは？」と思うほどの頻度でした。

とにもかくにも「報告」です。まだまだ新人の訓練生ですから、報告の習慣は身についていません。まずは目の前にあることをやるだけで精一杯なのですが、教官は「報告」までを見ています。

「何か忘れていませんか？」と教官に報告を促されても、それが「報告」を指していると気づかず、まったく的外れな仕事をしはじめたこともありました（笑）。

そして、「報告」を忘れたときに注意されるのは、「報告を忘れた人」だけではありません。相手からの報告がないのなら、ただ待つのではなく**「自分から確認を取りに行く」ことが必要**となります。**「知りませんでした」「聞いていません」**は通用しないということです。つまり、相互の確認という意味で、**報告を忘れた側だけでなく「相手に確認する」という手間を惜しんだ側にも反省すべき点はあるのです。**

この**「とにかく報告」という習慣、**はじめのころは「ここまで細かく報告なんてしなくても」という気持ちでいたことは否めません。

「報告しない＝すべて順調」という解釈でいいのではないかと思っていたからです。しかしながら、腑に落ちていなくても怒られることは避けたいものです。心の中では、このやり方に完全同意していなくても、ルールに従ってこの習慣を受け入れざるを得ませんでした。

渋々受け入れた「とにかく報告のルール」ではありましたが、この習慣が身についてきたころに、ようやく「報告の重要性」がわかってきたのです。

なぜ「報告」が一番大切なのか

チームでの仕事というものは、自分一人でやるものではありません。自分でやった仕事ならば進捗《しんちょく》状況を把握できますが、他の仲間に任せた仕事や頼んだ仕事については、「たぶん○○だろう」という、あやふやなものでしかありません。

たとえ、信頼できる仲間であったとしても、やはり人間です。「ウッカリ忘れた！」ということもあり得ることです。限られた時間で確実な仕事をすることが求められる中で、ウッカリ忘れによるミスの発生は時間のロスになります。

一見すると「細かすぎるのではないか？」と思われるような報告の手間を惜しまず、「とにかくその都度報告」ということは、乗務員の仕事の基本として最初に叩き込まれたことでした。もちろん仕事に慣れてくれば、報告のタイミングの配慮や、まとめて報告したほうがよいことの判断も必要になります。しかし、**まずは「細かすぎではないのか？」と思うほど徹底的に「報告の文化」をチームの中で当たり前にする**ことをおすすめしたいと思います。

先述の例でいうと、情報は「お客さまからお土産をいただいた」ということです。その情報をその場にいなかった人に報告し、情報を共有するということが必要になります。

さて、そのときにどうやって情報をシェアするかということですが、その方法は当然のことながら「その情報の重要度や緊急性」によって変わってきます。

報告や情報共有の方法は、口頭、メール、伝言、メモ、掲示物、回覧、電話などいろいろとあります。また、このお客さまの来店頻度などでも変わるかもしれません。最終的には**「なぜチーム内でこの情報を共有する必要があるのか?」と考えてみると、最善の方法が見つかるでしょう。**

私は「とにかく報告」「情報を得たら報告」というルールについて、最初はさほどメリットを感じないまま、とにかく習慣づけすることになりました。

しかし、この習慣は今となっては貴重な宝となっています。**「報告」というものは、誰かと仕事を円滑に進めるために必要なものであると同時に「相手をヤキモキさせない優しさ」です。**

チームとしての仕事を確実に進め、そして相手の時間も大切にするための「報告」、そして報告漏れを防ぐための「確認」。このような**双方のやり取りこそが良質なチームワーク**ではないでしょうか？

上司にあたる方々は、部下からの報告だけを待つことなく、「不在中に来客はなかったか？」「電話はなかったか？」「このお土産は誰からのものか？」このような確認をお忘れなく。

Section 8

情報共有の先に新たなサービスがある

「情報共有」がチームの総力を上げる

ここでは、情報を共有することは**「チームとしての成長につながる」**ことについてお話ししたいと思います。

「報告」は確実な仕事をするためのものです。絶対に欠かしてはいけないことです。しかし、**「情報の共有」**は、仮にそれがなくとも仕事を遂行することはできます。「仕事をこなすこと」を目的とするならば、報告だけでもいいかもしれません。ですが、**チームとしての「仕事の質」にこだわりたい人**にぜひ取り入れていただきたいもの、それが**「チーム内での情報の共有」**です。

私たちは自分一人だけでもインターネットで情報を得たり、本を読んだり、自らの経験を元にして知恵を蓄えることができます。しかし、せっかくのチームです。**チームメンバーのもっている情報やアイデア、経験を使わない手はありません。**

そのようにすることで自分一人では得られなかった**情報を知ることができ**、自分一人では気がつかなかったような**工夫を見つけることができる**のです。

例えば、職場に新しい機器が導入されたとします。最初に取り扱い説明書を見て操作をした人が**「ここは取説を見てもわかりにくかった」と感じることがあったなら、その情報をぜひ他のメンバーにも知らせてほしい**と思います。

見つけにくいボタンの位置や取説だけでは操作するのに手間取ったことなどは、次に使う人にとってもわかりにくいことかもしれません。

自分が経験したつまずきや混乱を仲間とシェアすることで、他のメンバーは同じような経験をせずとも知恵をもつことができるようになります。

つまり、チームとして仕事に費やす時間のロスを省くことができ、時間を有効活用することができます。

また、仮に新しいサービスが導入された際、お客さまから予想外の質問を受けたとします。そのような経験があったなら、他の仲間にも「新しいサービスについて、お客さまからこのような質問がくるかもしれません」と**自分の得た情報を共有して欲しい**のです。

そうすることで、**チームメンバーはお客さまにとって最適な回答を前もって準備することが可能となります。**そして、結果としてお客さまをお待たせすることもなく、あやふやな回答をすることも回避できるようになるのです。

情報の目的を明確にすることの重要性

また、情報の共有をチーム内で習慣化していくことは、時間の捻出、サービス品質の向上に有効なだけではありません。

自分の経験や知恵をチームへ自ら発信するということは、**「自分はチームの一員である」**ということをより強く意識させるものです。「自分はチームの一員である」という想いは、**チームに対する責任感や愛情を芽生えさせます。**

そのような感情は、「チームに役立つ情報は何か？」「どのように伝えれば他のメンバーにとってわかりやすいだろうか？」と考えるためのエンジンとなります。


そこが、「情報共有化の目的」と「報告の目的」の違いだと思います。

「報告する」という行動は、現状の報告であり、ただやったことを伝えるためのものです。一方で、**「チームに役立つために」と考える情報の共有は、現状ではなく、チームの未来に目を向けたもの**なのです。


最後に私の経験を付け加えておくと、報告やお伺いをしたときに「そのような報告はいらない」「それくらいは自分で考えて」「それはチームには必要ない情報だ」という返事をされたこともあります。

そうなってくると、一体どうすればいいのかと悩んでしまったことがありました。

このような経験をしたことのある人は、きっと私だけではないでしょう。いわゆる**「人によって言うことや指示が違う」**というものです。

しかし、今となっては、そのような経験も全部ひっくるめて成長の糧《かて》になったと振り返ることができます。なぜならば、**自らの発信のときには「より簡潔に、わかりやすく」**と工夫をするようになったり、**相手の状況を見る目を養う**ことにつながりました。

そして、聞く側であるときには、**多くの情報の中から本当に必要なものだけを取捨選択する**ことを学びました。また、報告や情報提供をされたときに、どのような返事をすれば相手にとって心地よく、**「報告しやすい人だ」「この人になら臆することなく情報をシェアできる」と感じてもらえるのか**について考えることもできました。

「報告の仕方」「受け方」ひとつでも、悩むことはあるでしょう。

しかし、このような悩みや課題だと思えるようなことも、**すべてはチームメンバー**

を成長させるための学びだと思います。もちろん、ほぐしていかなければならない誤解や、解決すべき問題もあるとは思いますが、**どの出来事も「自分はどうあるべきか?」と考えるためのきっかけになるはず**です。

本書で何度もお伝えしているように、**良質なチームワークは「もたれ合い」ではなく、一人ひとりが強く優しい「個」であることが大切です。**「自分がチームのためにできることは何なのか?」と考えることのできる情報の発信は、それぞれの「個」の成長におおいに役立つものです。

少しくらい混乱したとしても、それが「やらない理由」にはならないほどに価値があると思います。

なぜならば、**報告や情報の共有で得られる「確実性」「時間の有効活用」に留まらず、「チームへの貢献」という意識をより深める**ことができるからです。そのような意識の中でこそ、**良質なチームワークは育まれていく**のではないでしょうか?

Section 9

見えないバトンが、同じゴールを目指す意識を高める

幼少期からチームワークは培われている

チームで仕事をする醍醐味とは、一人の力では不可能なことを、誰かの手を借りることによって可能にするということだと思います。「三人寄れば文殊《もんじゅ》の知恵」という諺《ことわざ》もありますね。

一人では思いつかないようなことも、チームを組むことによって、素晴らしいアイデアが見つけ出せることがあります。それも、チームの醍醐味といえるでしょう。

しかし、**チームがチームとして機能するためには、当然のことながら仲間への配慮や協調性が求められます。**

運動会のリレーを思い浮かべてみてください。リレーには、徒競走にはない「チームをつなぐバトン」がありますよね。

私事になりますが、子供たちが保育園に通っていたときの運動会は、児童全員参加のリレーがありました。そして、見ていてハラハラするのは、「転ばないで！」ということよりも、**「バトンを次の走者にしっかりと渡せるか？」**ということでした。

親として祈るような気持ちで見守っていたことが、懐かしく思い出されます。まだ小さな保育園児たちですから、走っている途中でバトンを落とす子もいます。また、バトンを渡すべき次の走者を見失ったりするので、どちらのチームが勝つのかは、本当に最後までわからない、手に汗握るリレー観戦でした。

かけっこのタイムの合計だけで勝敗が決まるなら、毎回同じ結果になりますが、そこに**「チームをつなぐバトン」が加わるだけで結果は読めなくなってきます。**

そして、そのバトンの渡し方は、保育園児から小学生になるにつれ、「より慎重に、より確実に」と変化していきました。それは「いい加減なバトンの受け渡しはミスを起こす」ということを経験から学んでいるからです。

実際のリレーでは、バトンを目で見ることができます。しかし、仕事の場合、**「チームをつなぐバトン」**に形があるとは限りません。

そのため、バトンの受け渡しともいえる**「仕事の引き継ぎ」に対する意識が、希薄になってしまう**ことはないでしょうか。

自分だけの手柄だと思ってはいけない……………

仕事のバトンも慎重さや確実性を欠くと、目には見えずとも落としていることがあるかもしれません。

その可能性を考えると、スピードや効率に偏りすぎていないか振り返る機会が大切だとわかります。自分が担当したお客さまの情報は、しっかりと次の担当者に引き継がれているでしょうか。書類の作成をするとき、渡された相手にとって理解しやすい内容になっているでしょうか。

バトンを渡した「つもり」でも、相手がきちんと受け取ることができなかったとき、目には見えないバトンであるがゆえにそのミスに気づくことが遅れがちです。目には見えないバトンだからこそ、より慎重に正確に受け渡すことの必要性を感じます。

そして、**自分のところにバトンが回ってきたとき、どのように走るのかということも良質なチームワークを構築するうえで欠かせないことです。**

実際のリレーでは、転倒やバトンミスも起こりますが、私の知る限りでは、ミスをした選手を責める人を見たことがありません。保育園児のリレーであってもクラスメイトを責める子はいませんでした。

それはやはり、足の速さ、遅さに関係なく、**全力で真剣に走っていることを周りが知っているから**だと思います。そう思えばこそ、自分の番がきたときには、全力で走ってきた仲間の**バトンの重みを感じながら、ベストを尽くす努力**をしたいものですね。

航空機が飛ぶためには、実に多くのバトンが引き継がれています。お客さまが飛行機にお乗りになるまでには、たくさんの仲間が関わっています。

リレーであれば、選手全員が歓声や拍手や応援を直接受けることができます。しかし、仕事の場合、**縁の下の力持ちとして支えてくれている仲間**は、お客さまに会うことはありません。

つまり、縁の下で貢献していても、お客さまの「ありがとう」を聞くことはできないのです。だからこそ、お客さまの前に立つ乗務員は、**その「ありがとう」を自分だけの手柄だと思ってはいけない**のです。バトンをつないでくれた仲間の代表として、お客さまからの「ありがとう」を受け取っているにすぎないのです。

どんな職場でも、**表に出る人と裏で支える人がいる**と思います。そして、それぞれの仕事には必ず、それぞれの苦労があると思います。

しかし、その苦労は、経験したことがなければ理解し合うのは難しいのかもしれません。当然と言えば当然です。なぜならば、経験したことがないのですから。

とはいえ、そこでチーム内での相互理解を諦めてしまうのは、悲しいことだと私は思います。せっかく同じゴールを目指すために集まったチームです。同じ立場になることはできずとも、やれることはあります。

自分が仕事をするときには、自分の前を走ってくれた仲間への感謝を忘れないこと。次を走る仲間には、受け取りやすいバトンを渡す配慮を忘れないこと。

そしてもちろんのこと、自分がバトンを握るときには、その重みをしっかりと感じて走り切ること。そのような習慣のあるチームには、**質の高いチームワークが生まれるでしょう。そして、そのチームワークこそが、素晴らしいゴールへ導いてくれると思います。**

Section **10**

時間の大切さを考えて準備・行動する

当たり前のことを徹底すべき

ここでは、**より良質なチームワークの醸成**のためには、具体的に**「どんなことに気をつければよいのか」**について考えてみたいと思います。これまでの項目では「報告」「情報の共有」「確実な引き継ぎ」について書いていますが、ここでお伝えすることは、さらに**基本中の基本**です。

それは、**「使ったモノを元の位置に戻す」**ということです。「なんだそんなことか」と思われた人もいるかもしれません。しかし、このような**一見「当たり前」と思うようなことが徹底されていない職場は少なくない**と思います。

このような経験はありませんか？

「あるべきものが、あるべきところになく、探し回って時間を無駄にした」「なくなったのだと思い、購入したらあとからコッソリ返却されていた」「皆で共有している資料や文房具を無断で独り占めしている人がいて困った」などなど。

時間が無駄になるだけではなく、コストも無駄になってしまいます。

恥ずかしながら、このようなことは我が家でもたびたび起きています。テレビやエアコンのリモコンが見つからない。爪切りがいつもの引き出しに入っていない。買っておいたはずの油性ペンを誰かが勝手に私物化している……。

こうしたことは、とても困ります。悪気がないとはいえ、やはり急を要するときは、ストレスになります。

そして、このような場面に出くわすと、私はＣＡだったときのことを思い出します。フライトタイムが短い路線では、数秒の無駄さえ省きたいと思うことがありました。

そのような路線は、ただでさえお客さまのためにかけられるサービス時間が少ないのです。それゆえに、フライトタイムという**限られた時間を可能な限り有効に使える**よう、事前準備に余念がありませんでした。

また、航行中も効率のよいサービスの動線を考え、必要になるであろうものは、あらかじめ身近に移動させておくなどの工夫もしました。**それほど「時間」というものは貴重**なのです。

メンバーへの「思いやり」がプロ意識の第一歩

このようなときでも、**やはり「報告」が役立ちます。**機内にたくさんあるアイテムならば、そのアイテムを使用する際にわざわざ報告をする必要はないでしょう。しかし、数が限られているものを移動させるときには、**報告をすることが仲間への思いやり**というものです。

近くにいる乗務員に「○○は七条が使っています」「○○は、七条が△番のお席のお客さまにお貸ししていますというように、「そのモノ」の所在をあきらかにしておけば、他の仲間が探し回ることは避けられます。

また、モノではありませんが、自分自身が持ち場を離れる際も、「前方の客室を手伝いにいってきます」というような報告も必ずしていることでした。

もし、**報告をしたいときに近くに仲間がいなければ、メモに書いて貼っておくという工夫**もしていました。とにかく、「自分以外の人が探し回らないように」という配慮がとても大切なのです。

報告をせずに数少ない備品を移動させる人、黙って持ち場を離れる人にも、決して悪気などはありません。しかし、やはりそのような配慮を欠くと、**「自分さえよければいいの？」という誤解を招きがちです。**

特に時間的な余裕がないときは、いつにも増して、そのような配慮が必要になってくると思います。

また、配慮という観点で見ると**「片づけ方」についても同じです。**いくら元の場所に戻してあったとしても、「次の人のために整理整頓された状態であるかどうか」ということや、「次の人のためになくなったものは補充しておく」ということも気にかけて欲しいところです。

とはいえ、自然を相手に飛んでいる飛行機なので、とにかく安全が最優先です。天候が悪いときには安全を満たす最低限の片づけをして、ただちに着席せざるを得ない状況もありました。

そのような場合は、心苦しさを伴いつつも、「次に乗務する仲間のために」というにはほど遠い状態のまま、サービスアイテムを引き継ぐことになります。安全が最優先であるため、それは致し方のないことであり、お互いさまでもあります。

しかし、そのようなときでも、「十分な片づけができませんでした。申し訳ございいません」と**メモを残していくのとそうでないのとでは、印象は全く違いますよね？**

細かいことかもしれませんが、**チームメンバーへの配慮**というのは、とても大切なことなのです。なぜならば、このような**日頃からの気遣いの習慣**こそが、プロの接客要員としての質を磨くことになり、ひいてはお客さまへのきめの細かい対応へつながっていくからです。

つまり、こうした**「個々の気遣い」が、チームワークに大きく影響する**ということなのです。

さらに、**「自分さえよければいい」**という仲間との仕事よりも、**「次の人のために」**という、優しさに溢れた仲間に囲まれてする仕事では、いうまでもなく**後者のほうが素晴らしいものになるでしょう。**チームワークとは、縛られたルールから生まれるものではなく、このような**「相互の思いやり」から生まれてくるもの**だと思うのです。

Section 11

他の人を助ける気持ちが、強いチームづくりには不可欠

自分一人でなくチーム全体のゴールを目指す

私には子供が二人います。ＣＡは妊娠が判明すると、乗務をすることはできません。しかし、ありがたいことに、私には、そのまま産休に入るか、産前まで地上勤務をするかという選択肢が与えられました。

私は、産前まで地上勤務をすることを選択し、半年の間、乗務員とは全く違う仕事をすることになりました。妊婦であるということや、まだ新しい仕事に不慣れだろうという配慮から、そこで私が任されていた仕事は負荷の軽いものでした。

しかし、持ち前のせっかちな性格と、時間を効率よく使いたい乗務員気質が手伝ってか、比較的どの仕事も早く終わってしまいます。

そして、その残った時間をどうするかというと、**同じ部署内で「お手伝いが必要な人」がいないかどうかを探す旅**に出るのです（笑）。そのとき新しい職場にいた上司から言われた言葉が、今でも忘れられません。

「なぜ、乗務員はみんな自分の仕事が終わると『何かお手伝いすることはありませんか？』と言って職場を歩き回るのだ？」

その職場は、かつて私以外にも産前勤務の乗務員を迎えたことがあるところでした。私より前にこの部署にきた乗務員も、どうやら私と同じ行動をとっていたようです。

乗務員の働き方では、**自分の仕事が終わったならば、「なるべく早い段階で他の人を手伝う」**ということが習慣化されていたことが大きいのだと思います。

機内のサービスでは、担当ごとに終わるまでの時間に差が出ることがあります。それは、乗務員の経験の差であったり、前方と後方で異なる飛行機の揺れの状況であったり、クラス別のサービス内容の違いであったりと、理由はさまざまです。

それぞれにサービスの担当場所はあるものの、その場所のサービスが終わったからといって、それは仕事が終わったことにはならないのです。

なぜならば、**飛行機に乗っているすべてのお客さまのサービスが終わって、はじめて「サービスの終了」になる**からです。チームとしての仕事ですから、自分が担当するお客さまの満足だけでなく、飛行機にお乗りになっている**すべてのお客さまの満足がゴールになるという考え方なのです。**

「気遣いのひと言」がチームを温かい空気にする…………

また、ミスを防ぐという側面からも、このような働き方はとても意味のあることなのです。**人は時間的に余裕がないときにはミスをしがちです。**

しかし、チームで協力することによって捻出できた時間は、**「ゆとりある時間」となり、ミスを防ぐことにも有効です。**

たとえば、フライト中にはさまざまな局面で確認作業が必要となるのですが、この作業も時間的な余裕があれば、念には念を入れて行うことができます。

サービスだけでなく安全を司るＣＡの仕事にとっては、**「余裕をもった準備」「余裕をもった片づけ」**ということが安全な離着陸をするうえでとても重要なことなのです。

このような理由から、乗務員として働いた経験のある人は、「まだ仕事が終わっていない人はいないか」「何か手伝うことはないか」「手が空いた自分に今できることはなにか」と考える習慣をもつ人が多いのです。

これは、**チームとして仕事内容を共有できる環境であったからこそ、根づいている働き方**であったかもしれません。また、それぞれが全く別の仕事を任されている職場や、他の人では任せられない仕事を受けもっている人には、馴染みのない働き方かもしれません。

しかし、仮に何もやれることがないとしても、「何か手伝うことはありませんか？」

と声をかけてみることで、**何かが生まれる**ことがあると思います。

実際に、私がその職場で「何か手伝うことはありませんか？」と聞き回りをはじめたところは、どの仲間も遠慮して、「いいよ、いいよ。大丈夫」と言っていました。

しかし、みんなもそのうちに慣れてきて、**「自分がやるべきこと」と「人に任せていい仕事」を振り分け、**私にも仕事を任せてくれるようになりました。

これは、半年という期間限定で配属され、大した戦力になれないという私の罪悪感を軽くしてくれるものでした。

そして、たとえ半年間であったとしても、同じチームであるということを感じられる嬉しい瞬間でもありました。

このようなことで得た喜びを、私の自己満足だと思う人がいるかもしれません。しかし、実際に何も手伝うことがなかったとしても、**「何か手伝うことはありませんか？」というひと言を〝迷惑〟だと思う人はいないと思うのです。**

多くの人は自分に対する〝思いやり〟だと感じてくれるのではないでしょうか。

加えて、**チームメンバーの状況に関心を示す**ことは、同じゴールを目指す仲間なら当然です。仲間を想う「気遣いのひと言」は、きっと価値あるものだと思います。

もしも、自分の仕事が終わったならば、「何か手伝うことはありませんか？」とチームの仲間に伝えてみてください。その習慣は**チームの中に温かい空気を運んでくれる**と思います。

そして、**その温かい空気が「質のよいチームワーク」を育むための大切な役割**を担ってくれるのは間違いありません。

Section 12

良質なチームワークには「気づき」が重要

「YES」よりも「NO」のほうが精神的な負担になる……

良質なチームワークを育むためには、**相互で助け合う**ことが必要です。それは、効率がよくなるという利点だけではなく、**メンバー間での心遣いが、チーム内の雰囲気にプラスの影響を与える**からです。

職場がチームメンバーにとって心地よい居場所となれば、それぞれがもつ力を発揮しやすくなります。

しかし、チーム内で何か気になることがあったとき、雰囲気が悪くなるかもしれないという理由で、提言や進言を躊躇することはないでしょうか。

「自分の発言が誰かを傷つけてしまうのではないか」と考え、頭を悩ませるという話もよく聞きます。

お客さまの対応において、**「YES」と言うよりも「NO」と言うほうが圧倒的に精神的な負荷がかかります。**

そして、それはたとえ相手がお客さまではなく職場の仲間であったとしても、同じだと思います。チーム内での誰かの言動に対して「同意する・受け止める・褒める」という行為は、両者にプラスの感情を芽生えさせます。

一方、「異議を唱える・拒否する・叱る」という行為は、その逆になることがあります。ましてやそれが上司や先輩への提言ともなれば、さらに難しいことです。

しかし私は、**毎日同じような仕事をする中で、「何か気になる」というのは素晴らしいこと**だと思うのです。

なぜかというと、**それは仕事や目の前にいる人に対して興味や関心があるからこそ、見つけることができた「気づき」**だからです。

仕事に慣れたのをいいことに、こなすことを覚えてしまった人には、このような「気づき」を見つけることは難しいはずです。

仮にそのような人に「何か気になる」という感情が湧いたとしても、それは自身の環境に対するものであり、チームやお客さまにとってプラスとなる「気づき」ではないことがほとんどです。

「気づいたこと」をメンバーにどう伝えるかが大切

さて、もしその「気づき」がチームにとってプラスとなるものならば、ぜひとも心に留めることなく、**勇気をもって声に出してほしいと思います。**

それは、**チームの成長につながるよいきっかけになるはずです。**そして、チームの成長は、ひいてはお客さまへのさらなる貢献という形であらわれてくると思います。

ただし、ここで気をつけなければならないことがあります。それはその**「気づいた**

こと」を相手にどのように伝えるかということです。

その方法に悩むからこそ、伝えることを断念している人は多いと思います。私にも経験がありますが、**言い方や伝えるタイミングを間違えると、「伝えたい内容そのもの」よりも、「別のところ」に注目が集まってしまいます。**

そうなると、チームにとってプラスとなる「気づき」は置き去りになり、歯がゆい思いをすることになります。

私自身の反省点でもありますが、相手がお客さまの場合には、言い方やタイミングに細心の注意を払えるにもかかわらず、**相手が仲間の場合には、言葉がストレートになりがちです。**

自分の意見を聴いてもらおうと思うのならば、やはりそれなりに**「プロセスを踏む、相手への敬意」というものが必要です。**それは冒頭にもある「心遣い」と同じです。

また一方で、聞く側にも必要なものがあると思います。

誰かの言動に対して物申すというのは、エネルギーを非常に消耗します。「どのように指導すればいいのか」「部下の身でありながら提言してよいものか」「黙っていたほうが賢いのではないか」など、発言に至るまでの葛藤がたくさんあります。

それでも断念せず、「チームの成長を願い意見を伝えている」または「お客さまからのクレームを防ぐためのあえての苦言である」、**伝える側のそうした気持ちを想像できる人**であることも、上質なチームワークの醸成には、非常に重要なことなのです。

その背景を理解できる人であれば、言いにくいことを伝えてくれた人に対して**「ありがとうございました」という気持ちが湧いてくるでしょう。**

アドバイスをされたときに**「言ってくれてありがとう」と感謝の気持ちをもって受け取ること**ができる人と、「うるさいな」と撥《は》ねつけてしまう人とでは、**数年後の姿はまったく違ったものになる**のは間違いありません。

他人からの指摘は痛みを伴うものではありますが、それこそが**成長に必要な痛み**なのだと思います。

仕事をする中で出てきた「気づき」や意見などは、相互の配慮と理解がないと生かすことができません。だからこそ、どちらの立場になったときでも気をつけたいことだと思います。

また、気づいていても黙っていることを選んだとき、そこにある自分の気持ちと向き合って欲しいと思います。

それがチームの成長のためになる沈黙なのか、はたまた「嫌われたくない」という自己保身なのか。

チームで同じゴールを目指したいという強い想いがあれば、多少の衝突も結果的には「よかった出来事」になります。

チームの中でどうふるまうのかを決めるのは、他の誰でもなく自分自身です。せっかくのチームなのですから、もっている力を存分に発揮して欲しいと思います。

KEY POINT 2

必ず覚えておきたい3つのチーム育成の要点

ゴールに対する意識のリマインド

チームを構成するのが「人」である以上、そこには**個性や価値観の違い、また仕事を片づけるスピードの差、精神力などにバラつきがある**と思います。

さらには、そこに「感情」も伴うので、他人と自分を比べて卑下したり、誰かを羨《うらや》ましく思ったりという気持ちに襲われることもあるでしょう。

それらの感情が自らを奮い立たせる効果を発揮し、結果的にチーム全体にプラスの影響を及ぼすのならば歓迎されることです。

しかし、「自分が何をするべきか」「何のためにやるのか」という目的意識が薄れはじめることも少なくないようです。

私が新人CAの担任をしているときに、「クラスになじめない」「みんなと自分が違い過ぎる」という思いに駆られ、前に進むことができなくなっていた訓練生がいました。

その訓練生に**「アナタはここに友達を作りにきたのですか？　何のためにやる訓練ですか？」**と質問をしたことがあります。

少し厳しいことを言い過ぎたかもしれないと心配しましたが、その後の彼女は自分らしさを取り戻し、顔つきが変わったことを覚えています。

「何のためにやる研修ですか？」。講師となった今も、この質問は私が幾度となく伝えているフレーズです。

職場内においてチームの核となるための研修でありながら、悪い意味で周囲の目を気にしたり、受け身であったり、失敗を恐れたり。そのような姿を目にすると、いつも私はこの言葉を問いかけています。

ゴールを見失いそうになっている人に対し、「何のために？」という質問をすることで、目先の小さなことに向いていた意識が、ゴールに向くようになります。

人材を育成する立場にある人は、チームに対してリマインドをしていくことが大切だと思うのです。

● チームリーダーがメンバーと同じ目線に降りてきているか

研修や講演をする前には、組織のトップの方々からお話を伺う機会があります。部下に対してのお悩み、部下に身につけてほしいと思っているスキル、改善や成長を願ってさまざまな話をしてくださいます。

社外講師である私に、日頃のお悩みを吐露していただけることは、とても嬉しいことであり、何とかしてお役に立てることはないかと考える原動力にもなっています。

しかし、私がもっとも嬉しいと感じ、心の中で小さなガッツポーズをとるのは、トップの方たちの、**「我々も研修を見ているだけではなく、部下と一緒に受けたほうがよさそうですね」**といった研修への参加表明や、**「結局は、自分たちが先にできなくてはいけないんじゃないか」という気づき**の言葉を聞いたときです。

多くのトップの方々は、「部下やスタッフに困っている」とは言いながらも、言葉の端々からは愛情が感じられ、「部下やスタッフのおかげで会社が成り立っている」という感謝の気持ちをおもちである印象を受けます。しかしときどき、非常に残念なことに、**部下の能力を見下しているような発言をする方もいます。**

「これは、僕たちも受講したほうがよさそうだ」といって部下と一緒に考え、学ぶことを率先してくださる上層部の方には、「ぜひ一緒にご参加ください。普段、見せることがないような一面を晒《さら》してくださる上司の姿は、部下にとってはいい刺激になります」とお伝えしています。

自分たちだけが「別格」のような気持ちで、講師に当てられることのない安全な場所から研修を見ているよりも、よっぽど素晴らしいことだと思います。

職位や立場の違いはあれど、**チームを育成する人が同じ目線まで降りてくる**ことはとても大切なことではないでしょうか。

私が教官だったとき、気をつけて訓練生に伝えていたことは、**「自分は完璧なんかではない」**ということです。

私もみんなと同じような壁に何度もぶつかり、たくさんの涙を流してきたことや、経験した多くの失敗談を披露することで、安心と共感を得ることができたと思っています。

「同じ気持ちを共有することができる」というのは、信頼関係の構築に大いに役立つものです。

育成者として全体を俯瞰《ふかん》することも忘れてはなりませんが、**同じ目線に立って**

想いを共有することや、**誰よりも汗をかいて懸命に取り組む姿勢を示す**ことは、育成者に必要な「説得力」にもつながるのではないでしょうか。

育成者はチームメンバーの変化に敏感であれ

教官だったときも、研修講師である今も、私が「見逃すまい」と思っていることとは「受講者の変化」です。特に厳しい言葉を伝えたあとや、何か相談を受けてアドバイスをしたあとは、その後の変化に注目することが大切だと考えています。その変化が、改善や成長という類《たぐい》のものであったのか、はたまた、逆の効果となってしまったのかということを、育成者として確認・把握する必要があるからです。

先述のように、チームを構成しているのは「人」であり、そこには個性や感情、育ってきた環境、思考の違いというものがあります。

同じ事柄に対して同じ対処方法をとっても、受け止め方は相手によってさまざまです。それゆえに、人材を育成する立場にある人は、**「自分の言葉がどのように理解されたのか」**ということを知る必要があり、そのために受講生の「変化」を見るわけです。

言いっ放しにするのではなく、**「伝えたそのあと」に注目してほしい**と思います。それを習慣化することで、「今、どのような言葉を伝えることがチームにとって効果的であるのか？」「あえて、今は伝えないほうがいいのではないか」と自問自答することができ、育成者としての言葉の選択やタイミングに磨きがかかってくると思います。

また、**相手が「人」であるがゆえに、繊細なサジ加減も身につけておきたいところですね。**

さて、接客にも共通することですが、「人」と接するシーンでは、**相手への敬意や愛情、関心**というものが必要になります。**とりわけ「育成」においては、さ**

らに強く求められるのではないでしょうか。

なぜならば、愛情や興味・関心からくる「観察」なくしては「変化」に気づくことなどできないからです。

以前、とあるチームを指導育成する立場にある人と話をすることがありました。その人の口からは、「うちのチームにいいところなんて一つもない」という言葉が飛び出しました。

その言葉を聞いたとき、とても悲しく残念な気持ちになりました。「親バカ」ならぬ「チームバカ」にも課題はあるかもしれません。しかし、**まずは育成者がチームメンバーに愛情をもち、チームの成長を誰よりも喜べる人であってほしいと思います。**

私の知っている柔道の先生は、ことあるごとに**「うちに来る子たちは本当にみんないい子だ」**とおっしゃいます。**そのときの先生の顔は、愛情と幸せに満ちています。**

そして、「俺は柔道を好きにさせる天才だ」ともよく言っています。その言葉の通り、道場に通う子どもも大人も、柔道と先生が大好きなのです。**その場所にいくことが、そしてそのチームに属することが何よりの楽しみになっているのです。**

研修をしていても、**「この上司は部下から一目置かれているだろうな」と感じる人がいます。**そして、**それは恐怖心ではなく、「尊敬」です。**歯に衣着せぬ厳しいことをおっしゃる方ですが、**厳しさのなかに愛情があるの**でしょう。

「何を言われるか」「何を習うか」という前に、やはり**「誰から」ということの心理的影響は大きいはずです。**

「この先生の言うことならば……」「この上司の指示ならば」「このリーダーのもとでならば」。

このような感情をチームのメンバーに抱かせるものは、育成者の在り方です。

チームを育成する者がチームを愛し、チームのメンバーを愛することで目が行き渡るようになり、「変化」に気づくことはたやすくなるはずです。

チームメンバーや受講生の小さな変化、わずかな成長さえ見逃さず、それを自身の喜びとする育成者ほど、信頼されるはずです。チームメンバー以上に可能性を信じ、うまくいったときも、そうではなかったときも、決して見捨ててはいけないのです。

こうした日々の小さな、気の遠くなるような積み重ねを諦めずに継続していく精神力も、育成者には必要だと、私は思います。

Chapter 3

第3章

ミスが少ないチームに共通している6つの特徴

Section 13

大きなミスの防止には、小さなミスの防止から

「人間はミスをする生き物である」

突然ですが、たとえばスポーツの試合に出たときなどに、「なんとしても負けられない」という気持ちが逆にプレッシャーとなり、いつものようなパフォーマンスを出せなかったという経験はないでしょうか。

実はこれ、仕事でも同じことがいえるのです。

「絶対にミスをしてはいけない」という気持ちが、いい意味での緊張感につながればよいのですが、それがかえって**マイナスの効果を生んでしまう**こともありますよね。

テストで「絶対に合格したい！」と肩に力が入りすぎ、いつもは間違えないような問題でケアレスミスをした経験がある人も多いのではないでしょうか。

ケアレスミスといえば、私自身は、記事や書類の誤字脱字を思い出します。自分が書いたものを、二度三度と見直しをしても、それでもときどきミスがあるのです。**人間はミスをする生き物であるという事実を、思い知らされる瞬間です。**そのような経験を踏まえて、今では「誤字脱字はあるに違いない。だから、頭を冷やすために時間をおいてから再度確認をする」というスタンスをとっています。

前おきが長くなりましたが、チームで仕事をするときも「ミスをしてはいけない」という前提ではなく、**「人間はミスをする生き物だ」という考えのもと、「どうすればミスを防ぐことができるのか」**という防止策を考えておく必要があると思います。

最近では、お店での会計で高額紙幣のやり取りがあったとき、レジ担当のスタッフだけではなく、別のスタッフの目でもお札の枚数や金額の確認をしている光景を頻繁に見かけるようになりました。

保安要員としての役割が大きいＣＡの仕事でも、そのようなダブルチェックはさまざまな場面で行われています。**自分以外の誰かの目を借りることで、一人では見つけられなかったミスや勘違いに気づくことができるからです。**

このような方法も、チームワークの一つだと思います。**複数の目で事前に小さなミスを摘み取り、大きなミスを防ぐということは、チームだからこそできることです。**

これは、慎重に行う仕事にももちろん有効ではありますが、**毎日行うような単純作業ほど、効果を発揮する面もある**といえます。

ミスを共有することが良質なチームづくりには必要……………

たとえば、外出先でふと、家の鍵をかけたかどうか心配になることはありませんか？

または、自分では間違いなく鍵を閉めたはずなのに、帰宅してみると未施錠だったということはないでしょうか。

自宅の施錠は保安上とても大切なことであるにもかかわらず、毎日の生活の中で「当たり前」がいつしか「無意識」になってしまうことがあると思います。

だからこそ、**仕事においても「重要ではあるけれど慣れてしまう単純作業」**こそ、**このダブルチェックがとても有効なのです。**

しかし、この**ダブルチェックが形式上のものだとしたら、全く機能していないのと同じ**ことになります。

「自分以外の誰かがチェックしてくれるから大丈夫」という気の緩みは禁物です。

そして、確認を依頼された人も「あの人ならば絶対に間違えるはずはない」という先入観は捨てなければなりません。

まず仕事を任された人は、**「自分だけでも間違いのないようにやる」という気持ち**が必要です。そして、最終的な確認をする人は**「どこかにミスがあるに違いない」という気持ちで念入りにチェックをする**ことが、とても大切なのです。

それは、決してアラ探しではありません。**チームとして確実な仕事をするための責任**です。

「ミスがあっても私がここで食い止める」というチームの一員としての高い意識の表れでもあります。

そして、**もしミスを発見したときには、ぜひ、その内容をチーム内で指摘しあい、必ず共有してください。**

そうすることで、どこが間違いやすいのかを知ることができ、**次回のミス防止に生かすことができる**からです。

しかし、**間違いを指摘することは、ハードルが高い**と考える人も少なくないでしょう。相手に恥をかかせたくないという思いや、ミスを指摘することによって漂う不穏な空気を避けたいという気持ちも、理解できなくはありません。

ですが、**伝える側にこのような思いを抱かせるのは、聞き手側に原因がある**と私は思っています。

聞き手に必要なのは、**「教えてくれてありがとう」「言いにくいことを知らせてくれてありがたい」**という気持ちです。

なぜならば、この**指摘は個人を責めるためのものではなく、チームとしていい仕事をするためのもの**だからです。

さらに付け加えると、伝える側の躊躇も、また自己保身であると思うのです。**「チームとして目指すゴールはどこなのか」**という軸がしっかりしていれば、とるべき行動は明確になるはずです。

上下関係のある職場では、このような行動には特に勇気が必要になるかもしれません。しかし、大きなミスは組織としては絶対に防ぎたいことです。

だからこそ、**小さなミスから未然に防いでいくという、風通しのよい風土作りやチームワークの醸成は、何よりも優先して取り組むべきことといえるでしょう。**

Section 14

一人の優秀な人材が必ずしも良質なチームワークを生むわけではない

何をもって「優秀な人」とすべきか

スポーツの世界にたとえると、「勝ち」にこだわる強い選手というのは、注目を浴びます。大学や企業が戦績優秀な選手を優遇し、チームに入れるということもよくある話です。

しかし、**いくら優秀な選手をチームに入れたとしても、必ずしもそれだけでチームが出す結果にいい影響を与えるとは限りません。**

これは、一緒に仕事をするチームに置き換えても、同じことが言えるのではないでしょうか。では、**仕事における「優秀な人材」とはどのような人のことをいうのか、**少し考えてみたいと思います。

私がこれまで聞いてきた中では、「優秀な人材」とは「数字が取れる人、出世が早い人、お客さまからの褒詞が多い人、知識や技術に長けた人」、このような人のことを指していることが多かったように思います。

もちろん、何をもって「優秀」と定義するのかは人それぞれですが、**結果が見えるものが評価につながりやすい**というのは自然なことだと思います。

それに、**利益を出すことが企業の大前提**ですから、数字が取れることやお客さまからの褒詞が多いということは、素晴らしいことだと思います。会社の利益に貢献したことに間違いはありません。

しかし、さきほど挙げたスポーツの例のように、ただ単純に、**優秀とされる人材だけに注目することが、チームとしてのよい結果につながるとは限らない**と思うのです。短期的な目標達成で考えれば効果はあるのかもしれませんが、中長期的な視点から見た場合、**目先の数字にとらわれない慎重さ**も必要になるかと思います。

なぜならば、数字を追い過ぎることにより、**最終的にチームが目指すゴールの本質からズレる**ことがあるからです。

「結果」だけを出せばいいわけではない

以前、ある外部講師が中心となって進めている、某企業のリーダーミーティングを見学させていただいたことがありました。そのミーティングに参加しているリーダーは、目に見える結果を出して選抜された人のようでした。

売上達成までの諦めない気持ちや、不可能を可能にするという視点の置き方については共感するものがあったのですが、その「やり方」については耳を疑うものが多かったのです。

売るためには手段を選ばず、「どんな商品でも買わせてしまえばこっちのもの」というニュアンスの発言が多く、少し怖くなったことを覚えています。

結果さえ出せばいいというやり方は、ときとして、**「人として何が正しいのか？」という倫理を外れ、暴走しがちな傾向にあります。**結果とともに、「信頼」も得ていく企業でなければ、存続は難しいのではないかと思います。

しかし、私は数字で結果を出した人を評価することに対して異議を唱えているわけではありません。

ＣＡ時代にフライトをともにした、先輩ＣＡのエピソードをご紹介させてください。

その先輩ＣＡは私から見ると「何でもできる人」という人でした。どんな窮地でも慌てているところを見たことがありませんし、後輩の失敗に対しても「失敗しちゃった？　じゃあ仕方ないよね。もう一度一緒にやろう」と言ってくれる人でした。頭の回転が早くてユーモアもあるその先輩は、お客さまからの褒詞も多かったのです。

そしてそんなとき、その先輩はいつも決まってこう言いました。

「私がお客さまとお話しする時間がもてたのは、誰かが他の仕事をしてくれていたからよ。だから、この褒詞も私一人のものではなく、皆のものよ」と。

自分の手柄はみんなのお陰という彼女の考え方に、私はとても感銘を受けました。

また、たとえ自分が熟知していることであったとしても、後輩からの質問に対しては「私もその件について再確認する機会がもてた。ありがとうね」と言ってくれる人でした。

別の先輩の話になりますが、念のための再確認で聞いたことに対して、**「○○に書いてあるよね？　(アナタ、読んでないの?·)」**という人もいました。

ちなみにその先輩も**一般的には「優秀」とされている人**でしたし、お客さまからの支持もあったと思います。

どちらも「優秀」とされていた人ですが、**チームワークという視点で見たときの影**

響力は、まったく異なるものがありました。

僭越《せんえつ》ながら、**私が定義する「優秀な人」とは、「能ある鷹は爪を隠す」を実践している人であり、そして、チームメンバーのエネルギーがお客さまに向けられるような役割を果たしている人だと思います。**

最後にまたスポーツの話になりますが、アスリートが起こしてしまった不祥事や事件を耳にするたびに、輝かしい成績やチームの信用が台なしになってしまったことが残念でなりません。**組織に属するということは責任が伴うのです。目に見える結果だけを追うことなく、足元をしっかりと見つめる**ことの重要性を感じます。

それはスポーツの世界でも、仕事の世界でも同じこと。**自分がチームにとってどのようなプラスの影響を与えられるのか**ということに、ぜひご自身の気持ちを向けていただきたいと思います。

Section 15

「連帯責任」とは何を目的としているのか

「連帯責任」はチーム全体に注意喚起を促すもの……………

皆さんは、自分に過失がないにもかかわらず、連帯責任だからといって罰を受けたことはありますか？

私の初めての連帯責任体験は、学生時代のクラブ活動でのものでした。「○○の粗相は学年の連帯責任だから、罰としてグランド○周！」という、いかにも体育会らしい思い出です。

同じ学年の誰かが粗相をすると「連帯責任」といわれて同じ罰を受けること。私はそのときは「とばっちり」としか思っていませんでした。

その後、大学を卒業しＣＡとしての生活がはじまりました。体育会のような「罰トレ」こそないものの、やはり「連帯責任」というニュアンスのものは、すぐそばにありました。

ことあるごとに「新人がこんなミスをした。だから今後は○○という方法にします」というように、「新人」とひとまとめにされてしまうことや、「新人ＣＡがロッカーキーを紛失した」といわれるたびに、「ベテランでもロッカーキーの紛失はあるはずなのに」と腑に落ちないものを感じていました。

当時の私は、そのような言葉を聞くたびに**「その本人に直接指導をしてほしい。大多数は気をつけていることなのに、ひとまとめにレッテルを貼られると、かえってモチベーションが下がるのでは」**と思っていたのです。

今思い返せば、その目的は誰かのミスを責めるためではなく、事例を通じて全体に注意喚起を促していただけのことなのです。

それに、**組織やチームである以上は、外からの評価はどうしても組織全体としてのイメージ、チームひとまとめでの判断をされてしまいます。**チームを構成しているのは一人ひとりの「個」であったとしても、外から見えるものは、チームという「まとまり」であり、そのような見方をされるのは致し方のないことです。

当時の未熟な私には理解できなかったことですが、ＣＡとしての経験を重ねることで、**「チームを構成する一人ひとりの意識」がいかに重要か**を知ることになるのです。

前職では、フライト中の言動のみならず、通勤時や滞在先でのふるまいまでが、お客さまの評価の対象でした。いつどこで誰が見ているかわからないという環境は、窮屈に感じることもありました。しかし、**たった一人の軽率な行動が組織全体のイメージを壊してしまう怖さ**を知るうえでは、非常に貴重な経験でもありました。

何か事例が起こるたびに全体へ注意喚起をするという仕組みは、**組織を守る意味でとても重要な役割を担っていると思います。**そのような小さなことの積み重ねの中で、「責任」や「自覚」が育ち、「チームの足を引っ張るような行動はするまい」という意識が根づいていくのではないでしょうか。

「連帯責任」の本来の意味を正しく理解する……………………

ＳＮＳが盛んになったことで、面白半分に軽率な投稿をしたり、お客さまの個人情報を発信し、あとで大事《おおごと》になっているニュースを見かけるようになりました。そのようなニュースを見るたびに、**「チームの一員としての自覚と責任感の欠落」**が残念でなりません。

しかし、その本人の愚かなふるまい以上に気にかかるのは、これまで真面目に頑張ってきたであろう人たちのことです。

同じチームにいたというだけで、世間の冷ややかな視線に晒されるチームメンバーの気持ちを思うと、とても胸が痛みます。

しかたのないこととはいえ、世間から叩かれ、ネットでバッシングを受けている組織の中にも、**「真面目に頑張っている人がいる」ということにも心を寄せたい**と思う次第です。

「連帯責任」という言葉があまり好きではなかった私は、自分の失敗に誰かを巻き込むことに対してとても恐怖心をもっていました。

大学時代に一度だけ、部活の練習に寝坊をしたことがあり、そのときは心臓が止まるくらい慌てました（笑）。幸いなことに、「罰トレ」のランニングは連帯責任ではなく私一人が走るもので済み、ホッとしたことを覚えています。

体育会のやり方も「失敗しない方法」としては有効かもしれませんし、罰とはいえトレーニングですので意味があることなのかもしれません。

しかし、**「罰を受けたくないから」というネガティブな感情から発生する意識よりも「チームに参画している」という責任や誇りからくる「意識づけ」のほうがより好ましい**のではないかと思います。

なぜならば、「罰」に注目が集まることにより、「罰を受けない方法」を考え出す人がいることも否定できないからです。
お客さまの命を預かる公共交通機関において、定時に発着できないことに対しての罰を避けたい一心で、安全上不適切な速度で走ったり、乗せるべきお客さまを停留所に置き去りにしたというニュースを耳にしたことがあります。

チームである以上、「連帯責任」というレッテルは避けられないものです。しかし、そのレッテルを免れるための施策が、チームメンバーに歪んだ形で伝わってはいないでしょうか。
またその施策が、**意図せずチームワークを乱すものになってはいないでしょうか。**そしてそれが、かえって組織としての大きな過ちを引き起こす種になっていることはないでしょうか。

「何のためにやるのか？」という目的を見失わないようにしたいものですね。

Section 16

「チーム愛」とはどうやって生まれるのか

形とマインドのどちらが大切なのか

人事異動になったときや、休職明けで復帰をしたとき、その職場の雰囲気というのはとても気になることだと思います。幼いころの記憶だと、クラス替えなども同じようなものかもしれません。

その状態が自分にとって快適ならばとても幸運なことですが、居心地が悪いときや苦手な人がいる場合には、ストレスを感じてしまいますよね。

短い時間ならば、ときが過ぎるのを待つだけですが、長い時間を過ごす職場ともなると、ずっと我慢をするのは辛いことです。

数年前に、とある業界トップの大企業にお邪魔して、研修のご提案をしたときのことです。そのときにお話しした人事の方と私は、大切にしていることは同じだと感じました。

私は彼に、**「形よりも先にマインド教育が必要だ」**と伝え、彼も「人事としてもそこが一番大事だと思っている」と答えてくれました。

ところが、彼は**「でも、現場の社員はマインド教育よりも形の研修を望んでいる。だから毎年、そういう研修をやっていて、好評なんです」**と付け加えたのです。

今思えば、私の提案を断るために社員の声を借りたのかもしれませんが、そのとき私は、「人事のアナタは何がしたいのですか？」という言葉を飲み込むのに必死でした（笑）。

結果的に、形だけの研修に意味を見出せない私とはそれ以上話が進むことはなく、面談は終了しました。仕事の成約が取れなかったことは残念でしたが、それよりももっと残念に思ったことがあったのです。

面談を終え、私を見送ってくれた人事の方がポロリと言った言葉を聞いて、私は悲しくなってしまったのです。

「七條さん、うちの社員はね、物心ついたときからCAになりたくて、その会社に憧れて入社してきたような社員とは違うんですよ。『どうしてもこの会社に入りたい！』と思って入社してきた社員は一人もいないんですよ」

またしても「だから何ですか？」という言葉を飲み込むのに必死でしたが、私の口からは思わず、**「では、そのように思って入社してくる人が増えるような会社にしたいとは思いませんか？」**という言葉が出ていました。

業界のトップ。ホテルと見間違うような立派な自社ビル。潤沢な資金。そのような恵まれた環境があるにもかかわらず、**自分が働く会社を卑下したり、一緒に働く仲間のことをそんなふうに言わないでほしいという思いもありました。**

一見すると、彼の言葉は愚痴にも諦めにも聞こえますが、その言葉の裏には、もっと違う意味があったのではないかとも感じたのです。

私は彼の中に**「本当はこのままじゃいけないという問題意識」**を垣間見たような気もしました。

はたして、チームの雰囲気が悪い、居心地が悪い、どこか違和感があるというときに、その環境整備を誰がやってくれるのでしょうか。

チーム愛とはメンバー全員でつくるもの

もちろん、リーダーになる人の方針、人格というものの影響は、チームにとってとても大きなものです。しかし、**チームを構成している自分もまた、その環境を作っている一人**だということを忘れてはいけないのだと思います。

CA時代には、私の周囲には比較的前向きな仲間が多かったのですが、やはりそういってもことあるごとに不平不満を口にする人がいたのも事実です。

恵まれたところには目を向けず、自分にとっての「快」だけを求める人は、私の目には滑稽《こっけい》に映りました。

そんなとき、そのような人に向かってトップが**「会社が会社がというけれど、あなたたちも『ONE OF 会社』ですからね！」**と言い放ったときは、本当にその通りだと思いました。

「会社が……」「上司が……」「部下が……」と、たまに愚痴をいうことはガス抜きになるのかもしれません。しかし、**「そのあとにどんな行動に移すのか？」**ということが、とても大切なのだと思います。

チームワークや仕事のやり甲斐というものは、誰かに与えてもらうものではなく、「そこにいる人たちでしか作りだせないもの」なのです。

あるものに目を向けず、誰かがやってくれるだろうと待っているのは、非常にもったいないことだと思います。

チームの環境をよくするためにと起こした行動が、無駄になることもたくさんあるかもしれません。しかし、**チームワーク向上のために起こした行動は、紛れもなく「自分がチームに参画している」という意識を芽生えさせるものです。**

せっかく巡り合ったチームの仲間です。きれいごとと言われればそれまでですが、ともに有意義な時間を過ごすためにできることはあるはずです。

心と体を痛めてまでやることではありませんが、どうせやるなら前向きにやる。そして、**自分がいるその場所で、まだ何かやれることはないか？　と考えること。そこにかけた時間こそが、チームへの愛に変化していくのではないでしょうか。**

Section 17

本当の意味でのプロのチームワーク

いつでもスタンバイをしておく必要性

仕事をする仲間が、いつも職場で顔を合わせる人の場合や、気心の知れた間柄の人たちならば、多くを語らずともすでにコミュニケーションが取れていると思います。仕事上のルールや物事を決めるタイミングについて、説明せずとも「阿吽《あうん》の呼吸」でスムーズに進めていくことができるでしょう。

前職では、私たちＣＡはグループ分けをされていました。担当路線の慣熟度を上げること、グループ内での指導育成、また、同じメンバーでフライトを重ねることによって育まれるチームワークの醸成、このような目的があったと思います。

たしかに、同じチームメンバーで飛ぶフライトは、お互いの性格や得意分野を把握していたり、過去のフライト情報が共有されているなどのメリットがありました。

「関係が密である」ということが最大限に生かされたときのグループフライトは、とても充実したものとなりました。

しかし、CAのスケジュールは、天候によるフライトの変更やスタンバイ起用という突然の呼び出しもあり、とても不安定なものなのです。

たとえば、「明日からグループで長距離のフライト」という予定があったとしても、今日のスタンバイでどのフライトにいつ呼ばれるのかわからない、ということは珍しくありません。

私が強烈な思い出として記憶に残っているのは、スタンバイ起用でジャカルタ&デンパサールのフライトに呼び出されたことです。

不運なことに、当時の私はその路線の乗務経験がありませんでした。しかも出社してみると、まだ不慣れなビジネスクラスの担当です。そして、一緒に飛ぶメンバーは、全員が私よりかなり年上の知らない先輩ばかり。

わからないことだらけのまま、いろいろな意味で未知の世界に一人で入っていかなくてはなりません。ＣＡとしての最低限の知識は持ち合わせているものの、それでもやはり不安で仕方がなかったことを覚えています。

しかし、**このような突然のスタンバイ起用、そして、見ず知らずの先輩に囲まれてフライトをすることも含めて「仕事」です。**いろいろな不安や葛藤を振り払い、最善を尽くすしか方法はありません。

不安要素を払拭するには「覚悟を決めること」…………………………

まずは、このフライトの最高責任者である男性チーフにご挨拶……。

しかし、仏頂面で軽くあしらわれ、出鼻はくじかれました。そして私が次に考えたことは、ＣＡの世界では有名な「ジュニアの仕事（新人ＣＡがやる雑用）」をせっせとこなすことです。

しかしそれも、「そんな無駄なことはしなくていい」と言い放たれ、好感度を上げることにも失敗しました（笑）。**同じ会社、同じCAという仕事でも、配属先やグループによって雰囲気も違えばルールも違う**ということを、このときに思い知らされました。

しかし機内に入ると、目の前の山積みの仕事に追われ、不安な気持ちは少し小さくなっていました。チーフへの確認や報告の際も、彼は毎回不愛想ではあったものの、それを気にしている暇もないほどにやることはたくさんあり、私も段々とそのチーフの「そっけなさ」に慣れてきていたのかもしれません。

そして、不思議なことに私の中から一緒にフライトをするメンバーに対する**「恐れ」や「警戒心」が薄れてくればくるほど、段々仕事がやりやすくなっていく**ことを肌で感じました。

フライトの中盤までくると、出社時のビクビクしていた気持ちが嘘のようになり、この「不愛想チーフ」との仕事が楽しくなっていたのです。

実はこのチーフとはその後もなぜか縁があってフライトで一緒になることもあり、そのたびにチーフと同じクラスの担当に指名されました。

私はこの経験から、チームワークについて二つのことを学んだと思っています。

まず一つ目は、**「今までのチームのルールと違って居心地が悪い」「知らない人が多いチームで心細い」というマイナスの気持ちを払拭するために必要なことは「覚悟を決めること」**です。

私の場合は必然的に逃げられず、やるしかない状況だったのですが、結果的にはそれが功を奏しました。

警戒心をもっている人には、相手も警戒心を抱くものです。まずは恐れずに自分から歩み寄っていくことが、状況を打破する一歩なのだと思いました。

二つ目は、**チームに新たに参加した人への配慮**です。すでにでき上がっているチームに、あとから一人で入っていくことは勇気のいることです。

お互いをよく知るメンバー同士も、今回「はじめまして」のメンバーも、全員合わせて一つのチームです。気心知れた仲間内で賑やかに盛り上がり、誰か一人がポツンとしていることに気づかない人は少なくありません。

仲間はずれにしているつもりも悪気がないこともわかりますが、私は、**チームのメンバーがそのような状態にあることに気づけない人が、お客さまによいサービスができるとは思えません。**

新しい環境に入っていくことを余儀なくされたならば、自分から心を開いてチームメンバーに受け入れてもらうこと。そして、誰かを迎え入れる立場にあるならば、その人の心情や背景に想いを馳せること。

そのような両者の行動があれば、**チームワークはより短い時間で良質なものに育つ**のではないでしょうか。

Section 18

人の振り見て我が振り直せ

言いたいことの10のうち2でも伝われば万々歳……………

私は研修でチームワークについて語るとき、よく船をたとえに出します。**リーダーは行先を見誤らないように指揮をとる船長、そして部下を船の漕ぎ手**にたとえます。

船長だけでなく、船を漕ぐメンバーもゴールを見据えていれば、船長がミスをしたときにも「軌道修正」という提案ができますが、もしもリーダーである船長が聞く耳をもっていなければ、船は間違った方法に進んでしまうことになります。

また、リーダーである船長の背中を見て、漕ぎ手のモチベーションも変わります。**信頼のおけるリーダーであれば、チームのメンバーも素直にその指示に従い、船は順**

調に進んでいきます。

しかし、**リーダーがいい加減な仕事をしていると、漕ぎ手は一生懸命に汗をかいて船を漕ぐことに疑問をもつようになるでしょう。**

さらに、漕ぎ手によって性格も違えば技量の差もあります。よって、ゴールに向かう情熱の部分にも差が出てきます。

チームメンバーの士気が低いときには情熱的なメンバーが皆を引っ張り、また、仕事が多く疲弊している人がいるときには、皆を和ませることが得意なメンバーが活躍する。こうして、**チーム内の役割のバランスがとれていることが理想だと思います。**

しかし私は、仕事に対する情熱が過ぎるあまり、もう少しバランスを考えたほうがいい場面でそれに気づくことができず、注意を受けたこともありました。

その当時の私はゴールを見据えることはできていたと自負していますが、「横」を見ることは不得手だったのです。

そんなとき、ある先輩からこんなことを言われました。

「アナタの言っていることは正しい。けれども、正しいことを言うときほど、言葉は慎重にね。自分が伝えたいこと10のうち、相手が1か2でも受け取ってくれたら万々歳なのよ。私も七條さんと同じ想いだからよくわかる。けれども、自分の意見を聞いてもらうには、それなりの準備が必要なのよ」

とても尊敬していた先輩からの、私への愛あるアドバイスでした。私などよりも優秀で、実績もある先輩でも、これほど慎重に考えて発言、提案をしているのだと驚きました。

どんどん前に進みたいという気持ちが先行し、荒削りな発言を繰り返していた自分を恥ずかしく思ったものです……。

そうした気持ちが半分、しかし心のどこかで「ゴールがすべて」という自分を捨て切れなかったのも、正直な気持ちでした。

チームに最も大切なのはメンバーへの「敬意」…………

ところがある日、私は、私以上に仕事に情熱的で、そして私以上に荒削りな発言を繰り返す人に出会うことになるのです。

そこには、その人の想いに深く共感しつつも、全面的に応援できない自分がいました。いや、正確に言うと、孤軍奮闘しているその人を自分と重ね合わせ、何とかしたいという気持ちではいたのです。

しかし、自分よりも能力が低い人間を見下すような態度と、前任者の仕事内容を本人の前で罵倒する場面を目の当たりにし、応援しきれなくなったというのが本当のところです。

視点が鋭く、仕事も完璧で、誰よりも真剣に仕事をしていたように見えたその人でしたが、**チームの中で味方を作る**ということに関しては、とてももったいないことをしていたと思います。

私は、この人のしていることを見て、**「人の振り見て我が振り直せ」**という言葉を突きつけられたような気がしました。

チームで仕事をするということは、**自分の想いの強さだけではどうにもならないこ**とがあります。

その苛立ちを周りにぶつけているだけでは、何の解決にもなりません。チーム内の空気がよどんでいるときや、全体的な緩みがでているときなどは、インパクトのある行動がいい意味でスパイスになることもあります。

しかしそれが、足並みを乱すようでは逆効果です。

チームとして歩んでいくために最も必要なことは、メンバーへの「敬意」だと思います。人はそれぞれ性格が違うように、得意分野もさまざまです。もちろん、切磋琢磨するために、**気づいたことは指摘し合える風通しのよい環境づくりが必要です。**

ただしそれもこれも、**土台に「相手への敬意」があってこそ**だと思います。

自分が簡単にできることができない人もいます。しかし、それと同じように自分にもできないことや、至らないことは必ずあります。知らないことはお互いが教え合えばいいことですし、補い合えばいいことです。

チームで仕事をする意義は「相手の至らない部分を浮き彫りにして責めること」ではありません。**「どうすれば、よりよく船を進めていくことができるか」と考えること**です。チームの中で応援者や理解者を増やしていくことで、自分がもつ情熱がチームにとってプラスに作用します。そして、それは**よりよいチームワークが生まれる源**となるのです。

そのために必要なのが、**「チームメンバーへの敬意」であることを忘れないように**したいものですね。

Chapter 4

第4章

目標は全員が「強くて優しい〝個〟」になること

Section 19

孤立したメンバーをチームに参画させる方法

どこにでも「ムードクラッシャー」はいる

組織というチームに属すると、「周りとの調和を保つ」ことが必要になります。しかし、これを「長いものに巻かれるのは嫌だ」とネガティブに受け止め、何でもかんでも反対をする人、皆さんの職場にもいませんか？

必要以上に上司に媚《こ》びを売ることや、軋轢を恐れて意見を言わないということが、「調和を保つ」ということではありません。**「何を目指して仕事をするのか」というゴールを見据えた意見の交換は、おおいにするべきだと私は考えています。**

しかし、「みんなでやろう！」と決めたことや、強制ではないものの参加をすることが望ましい取り組みについて、「長いものに巻かれるのは嫌だ」といって「やらない」を貫く人には首を傾げます。

また、**その「やらない理由」が周囲を納得させるようなものであればいいのですが、「やりたくないから」「くだらないから」という場合には、チームのやる気を大きく削ぐものになりかねません。**

さらには、参加拒否をするだけならまだしも、「やろう！」と思っている人たちを嘲笑《ちょうしょう》するような態度を見せることもあるようです。

私が前職で、短期間だけある地上業務の部署に配属になったときのことです。そこではCAが所属する部署の「当たり前」が通用せず、戸惑うことも多くありました。

中でも最も驚き、そして戸惑ったのが、私の隣席にいた年配の男性社員の方でした。ムードメーカーという言葉がありますが、彼の場合は、**まさに「ムードクラッシャー」**でした（笑）。

とにかくネガティブな言動の繰り返しに加え、彼のもとを訪ねてくる人への棘《とげ》のある言葉、誰の意見も聞かず、勝手に好みの温度に館内温度を変えてしまう自分勝手さ、極端な持論の展開などなど、隣席だったため嫌でも見聞きしてしまうのです。

最初のころは「関わるまい」と思っていたのですが、あまりにも棘のある言い方を聞いてしまったとき、私は思わず**「あんな言い方ないと思いますけど」**と口走ってしまったのです。すると**逆上するかと思いきや、彼はとても驚いた顔をしていました。**

ある日、上司が毎年恒例の全員参加の行事への参加を促したとき、彼は誇らしげに私にこう言いました。**「僕はね、これには一度も参加したことないんだ!」**と。

私の感覚で言えば、**それは誇らしいことではなく、むしろ恥ずかしいこと**でした。会社の在籍年数が長いということは、あとに続く社員の模範になるべきだと考えていたからです。

チームとして「やろう!」ということに対して、「オレ流」を貫くことで、彼はいったい何を得たのでしょうか。

怒りにも似た感情がこみ上げ、「一度も参加していない理由はなんですか？」と私が質問をすると、彼は無言でした。

一人ひとりが強く優しい「個」であれ

よく研修でもお話しすることですが、**「新しく学んだことを試してみよう、やってみよう」と行動に移すとき、必ず「冷やかす人」が出てきます。**

仮にそのようなことがあったとしても、気にすることなく**信念をもって成長してほしい**と、私は心底思います。

ところが、人間とは弱いもので、自分の行動が誰かから批判されたり嘲笑の対象になると、気持ちが下を向いてしまいます。だからこそ、チームの一員である前に**「一人ひとりが強く優しい〝個〟」であること**の大切さを痛感しています。

このネガティブな彼の言動に、彼よりも年下の上司は本当に手を焼いていました。チームの和を乱さないようにと彼に気を遣い、他部署とのトラブルの間に入って奮闘している姿を目の当たりにすると、「半年間しかいないけれども、私に何かできることはないだろうか」という気持ちになりました。

そして私は、**「彼に振り回されないようにすること」**、また**「彼を孤独にしないこと」。このニつをやることに決めたのです。**

具体的に言うと、**不必要な気を遣わず、私の「素」で接してみました。**自業自得ではあるものの、職場内で厄介者として扱われていたことは、彼も薄々感じていたと思います。また、それに伴う淋しさもあったはずです。

そう考えた私は、毎日の挨拶は私から欠かさずしました。まともな挨拶がかえってこないときは催促のために二度挨拶をしました（笑）。

休憩時間中にお菓子を食べるときは、**「○○さんも、これ召し上がりますか？」**と声をかけました。しかし、勝手に館内温度を変更されたときには、**「みんなが暑いか**

寒いか聞いたのですか？」と指摘することもありましたし、思ったことは遠慮なしに伝えていました。

周囲の人はヒヤヒヤしていたようですが、私は時間が経つごとに少しずつ手ごたえを感じていました。

結果的に彼は、これまで一度も参加したことがないと言っていた社内行事に自ら参加しましたし、いつも欠席であった職場内の送別会にも出席するようになりました。

すべてのケースがこれに当てはまる訳ではないと思いますが、**チームの中で孤立している人がいる場合には、再度チームに加わるきっかけを作ることも大切ということです。**

たとえ孤立の原因がその人自身にあったとしても、です。

Section 20

たった「ひと言」、されど「ひと言」

たった「ひと言」が生む結果の違い

私が実施している研修の中で、職場にいる仲間の行動から得られる**「気づき」をテーマに、ディスカッション**をしてもらうことがあります。**他人の行動を見て我が身を振り返る**ということが狙いなのですが、その様子を見ていると**「ひと言がないことによるストレス」を感じている人が、思いのほか多い**ことがよくわかります。

たとえば、上司が何も言わずにただ部下のデスクに書類をポンと置くという行動は、「仕事をするのが嫌なわけではないが、『これお願いね』というひと言があるといいのに」という感情を芽生えさせています。

また、たとえ小さなミスであったとしても、**「すみませんでした」と謝る**ことができない人に対しては、**「いつも自分の非を認めない人だ」という評価になってしまいます**。

他にも、伝えたことに対して**「わかりました」という明確な返事**がないと、本当に理解したのかどうかわからないというような場合もあります。

お客さまに接する場合には、失礼のないように、誤解を与えないようにという思いが働き、丁寧にコミュニケーションをとるはずです。しかし、**お客さまよりも距離の近い職場の仲間となると、つい言葉が足りなくなる**ということはないでしょうか。

チームとしての成果を期待するならば、まずは**一緒に働くチームメンバーとコミュニケーションをとること**が必要です。

私がＣＡの仕事を通じて学んだことの一つに、**「ひと声多くかける」**というものがあります。それはお客さまに対してだけではなく、一緒に働く仲間に対しても同じでした。

たとえば、機内では複数のCAが狭い作業スペースを共有しています。特に、熱いものや大きなカートを扱うGLY《ギャレイ》（キッチン）の中では、ひと声多くかけ合うことが非常に重要です。**人間は、作業に集中していると、周囲の状況まで目がいかなくなりがちです。**自分の後ろに熱いコーヒーポットを持っているCAがいることに気づかず、不意に振り返ったり、ぶつかったりすると火傷を負うこともあります。

そのようなときは、ポットを持っているCAが「後ろを通ります。熱いものを持っています」とひと声かけて知らせることで、火傷の発生を防ぐことができます。ただ「後ろを通ります」と言うよりも「熱いもの」という**ひと声をプラスする**ことで、より確実に「怪我をしない、させない」という環境を作ることができるのです。

またチームワークを生かして限られた時間の中で効率よく業務を遂行するためにも、

この**「ひと声多くかけ合う」ことは不可欠**でした。

CA時代によく言われた言葉に**「みんなで同じ仕事をしない」**というものがありました。あらかじめ大まかな仕事の役割分担はされているものの、実際の現場では準備や処理が必要なことは山のようにあります。

それらを効率よく実施していくために、「私が◯◯をやります。△△はまだです。お願いできますか?」と、チームのメンバーに具体的にお願いしたり、「◯◯は離陸してからやります。今はやらないでください」とタイミングを伝えるなど、**ひと声多くかけることで時間のロスをなくすことができるのです。**

チームが向かうゴールを明確にして共有する

CAというチームのゴールは、常に「お客さまに安全で快適なフライトを提供すること」です。そのために何が必要かと考えれば、チームメンバーが相互のパフォーマンスを高められる職場を作ること、そして、CA自身も怪我をしない環境で仕事を進めることとです。

そしてさらに、そのような環境を整えるためにやれることは何かと考えると、**相手にとってわかりやすい言葉で常に「状況を伝えること」**、それが「ひと声多くかけること」というわけです。

研修参加者からの声を聞くと、**「コミュニケーションを良好にするためにひと言かけ合うルールはあるが、**結果的にはそれを守らない人がいて困っている」とのことでした。

これは、**チームとしてどこに向かっていくのかという方向性が明確でない**から起きていることだと感じます。ルールの順守よりも、**まずはチームとしてのゴールを見据えることが**先決だと私は思っています。

「報告と情報共有の大切さ」を先述しましたが、チームで仕事をするときに意思の疎通がうまくいかないということは、お互いにストレスになります。

前職では報告や情報を受け取ったとき、それに対する返事は「わかりました」よりも圧倒的に「はい、ありがとうございます！」が多かったです。

まずそこには、**伝えてくれたこと、知らせてくれたことに対する感謝**があります。すでに自分が知っていることであったとしても、相手が「もしかすると聞いていない情報かもしれない」と案じ、念のため報告をくれたことに対する感謝の気持ちです。

このように、**報告をするたびに職場には「ありがとう」の言葉が溢れていました。**

もちろん、不明瞭な報告の場合には「それは○○ということですか？」という確認は必要です。しかし、そのような確認を臆することなくできる職場の風土も、**すべては日頃からのチームメンバーに対する敬意と感謝が土台**になっていると思います。

チームメンバーの高いパフォーマンスは、ひいては自分の喜びとなります。なぜならば、**それは同じゴールを共有している仲間だからです。**

こうしたことを参考に、**働きやすい環境づくり**のヒントにしていただければ幸いです。

Section 21

組織の歯車は「誇り」である！

小さな歯車が集まれば、大きな「力」になる

「組織の中の歯車」という言葉を一度は耳にしたことがある方も多いと思いますが、皆さんはこの言葉にどのようなイメージをおもちでしょうか？

私はCAだったころ、亡き父に「組織の歯車なのだから、そこまで仕事に夢中になるな」と言われたことがあります。あまりにも仕事に没頭する私を見て心配になった父が、思わず口にした言葉だったと今は理解できます。

しかし、そのときの私は**「歯車」という言葉に過剰反応し、憤慨したことを覚えています。**

私が「歯車」という言葉にもっていたイメージは、**「しょせん一つの駒」「一生懸命やっても報われない」**というものでした。当時、会社が大変な時期でもあり、サービス訓練教官として情熱をもって仕事をしていたため、私は父の言葉にとても傷ついたのです。

しかし、少し冷静になったとき、「チームを構成しているメンバーは歯車なのだ」と素直に思えるようになりました。

その想いは、決して何かを諦めて出てきたものではありません。**前向きな捉え方ができるようになったからこそ湧いてきた想い**でした。

組織というチームを構成する一人ひとりの力は小さいものです。それはまさに小さな歯車にたとえられるでしょう。

たった一人では回ることすら難しいかもしれません。しかし、歯車がいくつも組み合い、バランスよく回り始めたとき、それは大きな力となります。

私が航空会社にいるときにも、組織の力の大きさを感じることは多々ありましたが、独立した現在、「いち旅客」として航空機を利用する立場になると、さらにその様子を俯瞰できるようになりました。
「お客さま」となった今は、ホームページを見て予約・発券をし、空港で荷物を預け、出発ロビーで地上係員の仕事ぶりに触れ、天候に関係なく外で作業を余儀なくされる整備や搭載のスタッフの姿を見て搭乗することになります。

CAとして働いていたときも、そのような光景を目にする機会はありました。しかし、今改めてその光景を目にすると、当時とはまた違った想いがこみ上げてきます。うまく言葉が見つかりませんが、**「一つの歯車」として運航に携わっていたことに対する「誇り」**のような気持ちかもしれません。

私は元CAということもあり、今では主に接客マナーについて講演や研修をさせていただくことが多いのですが、接客以前に大切なことがあるという揺るぎない想いがあります。それは**「チームの中で与えられた役割を責任と覚悟をもって遂行する」**ことです。チームの仲間も人間ですから、そこには必ず感情があります。うまく気持ちが通じ合わないこともあれば、よかれと思ってしたことが裏目に出てしまい、自分を責めることもあると思います。

しかし、それでも歩みを止めることなく、**「自分にやれることは何か？」と考え続け、チームの仲間と自分が歯車となって「大きな力」を生むための工夫を続けていくことが大切**なのだと思います。

また、体調が悪いときや気持ちが沈んでいるときなど、**うまく自分の力が発揮できないときに、周囲がサポートしてくれることも、チームという歯車の集合体がもつメリット**だといえます。

不本意ながら与えられた「1」の仕事ができず、「0・7」のパフォーマンスしか出せないときも、噛み合った歯車が力を貸してくれるでしょう。もちろん、意図的にサボることは論外ですが、**「お互いさま」という助け合いで仕事が滞ることなく進んで**

いくのは、チームあってのことですよね。

そこには大きな「喜び」と「達成感」がある

誰かの行動によりかかって自ら回らない歯車ばかりだと、**「もたれ合い」**になってしまいますが、それとは異なる**「お互いさま」**という助け合いの気持ちは、チームワークの醸成に大きく貢献するものです。

そして、この「お互いさま」という風土を築くものは、**仲間への思いやりや敬愛の気持ちであり、それが共有されていればチームのパフォーマンスは上がります。**

しかし、現実には、その基準すら、人によってバラつきがあるのが実情だと思います。職場内で聞かれる人間関係の悩みやコミュニケーションを取ることの難しさは、それが原因ではないでしょうか。

だからこそ、私は、**お客さまを大切にするように、チームのメンバーも大切にする必要があると強くお伝えしたいのです。**なぜならば、軋《きし》むことなく回る歯車は圧倒的な力を発揮し、**ひいてはそれがチームの掲げるゴールへの近道となる**からです。

それぞれの歯車がそのチームに属することを喜びとし、力を合わせることでよい結果を得られたら、さらにその場所にいることへの満足度が増します。チームで行う仕事は、お客さまとの関わりだけでなく、**仲間とともに達成感を味わうことで大きな幸せや遣り甲斐を得られるのです。**

一人ひとりが重要な役割を担っている「大切な歯車」なのです。その役割に誇りをもち、自らの力で回っていくこと。そして、相互で助け合っていくこと。また、歯車同士の軋みをなくすための努力を惜しまないこと。

チームとして大きな力を発揮するために、これらを**「諦めずに継続していくこと」が大切**なのだと思います。

Section 22

自分の不得手をさらけ出す勇気も必要

メンバー同士のサポートが「チーム力」を向上させる

自分にはどんな経験があり、何が得意なのか、また自分は何が未経験であり、何が不得意であるのか、ということを知っているのは自分だけです。

一人で仕事をするのならば、それを取り立てて他人に伝える必要はないかもしれません。しかし、**チームで仕事をするときは隠すことなく自分の「スキル」を仲間に伝える必要があると思います。**

訓練生がＯＪＴとして乗務するときは、先輩ＣＡやコックピットクルーに「何度目のＯＪＴであるのか」を伝える慣習がありました。

地上での厳しい訓練を終了しているとはいえ、やはり実際の機内は地上とは訳が違います。上空は天候によっては揺れを伴うため、地上で行った訓練通りにいかないこともあります。

また、これまでは教官や訓練生仲間が演じていた「お客さま役」が相手でしたが、ＯＪＴで目の前にいらっしゃるのは「本物のお客さま」です。

胸に「訓練生」と書かれたバッジをつけているからといって、恥ずかしいサービスはできません。それは訓練生自身も自覚していることではありますが、チームとしてフライトをする仲間も、もちろん同じ気持ちです。

ＯＪＴとして乗務する仲間がいることで、お客さまの安全と快適性を損なうようなことは絶対に避けなければなりません。

そのような背景がある中で、チームのメンバーは**「どうすれば実りの多いＯＪＴを経験させることができるのか」、また「どこまでの仕事なら任せてよいのか」ということを考えていくことになります。**

その目安となるのが訓練生からのＯＪＴ回数の申告です。

たとえば、「ＯＪＴ一回目です」という申告を受けたときは、ただならぬ緊張の中にいることが想像できます。

そのようなときの課題は「まずは飛行機に慣れること」であったり、「笑顔を忘れないこと」であったり、「全体の流れを体で覚えること」というようなものが多いです。

周囲の仲間は、必要な指導はするものの、**次回のＯＪＴに新たな課題とともに自信をもって臨んでもらえるようなサポートをします。**

しかし、**「今日が最後のＯＪＴです」**という申告があった場合には、次回からは「訓練生バッジ」が外れ、完全に独り立ちするということが前提のフライトです。

その場合、**チームメンバーのサポートは「目は離さずとも、極力手を出さない」**ということを心がけています。

自分の不得手を正直に申告する重要性

ＯＪＴのみならず、前職ではさまざまな場面でそのような申告が行われていました。「ＯＪＴが終わって初めての独り立ちのフライトです」「国際線の訓練が終わったばかりです」「今回が初めてのビジネスクラス担当です」「ニューヨークへのフライトは初めてです」「3年ぶりの育休からの復帰です」などなど。

このような申告があることで、チームメンバーは「今日、一緒に仕事をするメンバーがどの部分が不慣れであるのか」ということを考慮することができます。そうすることでミスが起こりやすいことについては事前に注意を促すことができますし、時間がかかりそうなことについては時間を捻出するための準備ができるのです。

前向きな気持ちで、「できます！」「やります！」「大丈夫です！」ということも、状況によっては素晴らしいことです。しかし、**「チームで確実な仕事を遂行しなけれ**

ばならない」という大前提のもとではどうでしょうか。

できないことは素直に「やったことがありません」と伝えることや、知らないことは正直に「勉強不足で申し訳ございません。知りませんので教えてください」と言えることのほうがよっぽど評価されることだと思います。

なぜならば、チームでの仕事は個人戦ではなく団体戦だからです。**チームメンバーにどこをどのようにサポートしてほしいのかということを素直に伝え、サポートをお願いすることも、またチームワークの一つではないでしょうか。**

そして、知識や経験のない自分をサポートしてもらったのであれば、**仲間に心からの感謝と敬意を表し、次回は自分がチームの力になれるように精進していく**ことが、さらなるチームワークの醸成につながっていくのだと思います。

最後に付け加えておきますが、この「自分の不得手な部分の申告」は年齢や職位が上がれば上がるほど難しくなっていくようです。先輩や上司が「大丈夫、できるから」と引き受けてくれたまではよかったものの、結果的には全部やり直し……。
というようなこと、皆さんの職場ではないでしょうか（笑）？

今になると、お世話になった先輩の**「餅は餅屋。若いCAさんのほうが得意なことは素直に若いCAさんに任す。私は私の得意なことで役に立つ！」**という言葉を思い出します。

チームでの仕事はみんなで結果を出すものです。できない自分、知らない自分はカッコ悪いという気持ちに固執することなく、**自分の不得手をさらけ出すという勇気も必要なのだと思います。**

Section 23

若者から学ぶ姿勢を忘れてはいけない

「聞く耳」をもつことが何より大切

先日、とあるコミュニティの行事に参加したとき、一人の年長者から意見を求められました。その方のコミュニティにおける立場は上層部に値します。

もし、ここでただ単に「君はこの件についてどう思う?」と尋ねられたならば、私も即座に自分の意見を述べることができたと思います。

しかし、この方は**まずご自身の考えを提示なさった後に「この件についてどう思う?」とおっしゃったため、意見を述べることを一瞬ためらいました。**

なぜならば、そのご意見が私の考えとは異なるものであったこと、そして、その提示案があまりにも時代とは逆行するものであったからです。

その方の想いは、「このコミュニティをよりよいものにしていきたい。多くの若い人にも参加してもらいたい」というものでした。

しかし、その課題を解決するために提示された案は、若い人には受け入れにくいものであるという確信が私にはあったのです。

時代の流れが速い昨今、若い世代からの情報や新鮮なアイデアに助けられることが増えたように思います。もちろん、時代が変わっても人として大切にしたいことが変わることはありません。

しかし、**年を重ねれば重ねるほど、また、立場が上になればなるほど、周囲には本音を伝えてくれる人が少なくなっていきます。**だからこそ、意識して「聞く耳」を大切にする必要性を感じます。

「聞く耳」をもち、**自分とは異なる意見にも柔軟に対応できる**人が上に立つことで、同じコミュニティやチームに属する皆が積極的にアイデアを出すことができ、結果的には双方にとって有意義な時間を過ごすことができるのではないでしょうか。

ＣＡをしていたころ、こんな上司とフライトをした経験があります。

その上司は勤続年数や職位こそ他のＣＡよりもうえではあったものの、実際のフライトにおける仕事については不慣れでした。

しかし、その事実を隠すことなくチームメンバーに伝えたうえで、その日のフライトの先任をとることになりました。

先任ですので、そのフライトで担当するのは上位クラスと決まっています。しかし、先任の仕事と担当クラスのサービスの把握だけに留まらず、空き時間を利用してすべてのクラスに出向き、ＧＬＹ《ギャレイ》（キッチン）の写真を撮り、若いＣＡに質問をしてはメモを取っていました。

そして、「この場所を担当することはないけれど、もう一度勉強し直さないといけないと思っているの。自分ができもしない仕事について部下に何かを言ったとしても、説得力がないものね」と言いながら、**最新の知識をもっている若いCAから学ぼうとしておられた姿**には感銘を受けました。

意見を「柔軟に聞き入れる姿勢」がチームを活気づける……………

また、「抜けていることがあるかもしれないので、何か『おや？』と思うことがあれば、躊躇することなく伝えてもらえればありがたい」というひと言もあり、この日のフライトはチーム全体が活気づいていました。活気づいた理由は、このフライトに乗務していたすべてのCAが、**自分の意見を聞き入れてもらえるという安心感をもち、気づきを大いに発揮できる環境があった**からだと思います。

チームのメンバーには、消極的で指示待ちをする受け身な人もいれば、アイデアと気づきに溢れる前向きな人もいるはずです。

もちろん、チームワークを保つためには調和というものは大切です。しかし、「調和をとること」が「枠にはまること」「枠にはめること」という解釈にすり替わってしまっては、せっかくのメンバーのアイデアとやる気が無駄になってしまいます。

チームのリーダー的な立場にある人の言動や，チーム内に漂う「出る杭は打たれる」という雰囲気が、そのようなエネルギーある人たちの「やる気の芽」を摘んでしまうことは、とてももったいないことだと思います。

組織が理念として掲げるものや、チームがゴールとしている在り方と方向性が同じなのであれば、**新しい意見、斬新なアイデアを取り入れていく**ことがチームの活気につながると考えます。

また、たとえその意見やアイデアが実現の難しいものであったとしても、**まずは「柔軟に聞き入れる姿勢」**こそが大切なのだと思います。

私が新人のころ、「今の皆さんの感覚は、もっともお客さまに近いはず。日頃から気になることがあれば何か意見を」と上司に言われたことがありました。

その言葉を真に受け、チャンスとばかりに発言をした結果、「それはコストがかかるので無理です」と即答されました（笑）。

「じゃあ、聞かないで」と思った若いころの自分が懐かしく思い出されます。

今思えば、まだ若く提言が荒削りで幼稚だったのかもしれません。しかし、私の意見は、お客さまからの声でもありました。実現可能かどうかはあとの話であって、**まずはチームメンバーの声に耳を傾けること。**それが大切なことだと思うのです。

またチームの活気や雰囲気は、上に立つ人の在り方に大きく影響を受けます。上位職でありながら、真摯に後輩から学び、チームメンバーの提言に感謝の気持ちで接してくれた上司の姿は、その後の私の指標になっていたような気がします。

チームの雰囲気はお客さまにも伝わるものです。だからこそ、皆でつくり上げていくチームワークはとても重要なのではないでしょうか。

Section 24

チームワークの原点と本質

日頃の「自分の在り方」がチームにとって重要となる……………

ここでは、私が経験してきた「良質なチームワークの醸成」に関する、総まとめをします。私が、良質なチームワークを育むうえで大切だと考えていることを再度整理したいと思います。

おさらいすると、まず**「一人ひとりが自立した強く優しい『個』であること」**が第一に大切なことです。チームワークについてもっとも重要な土台となるものは、まさにこれだと思っています。

チームワークというものは、依存の上に成り立つものではなく、まずは「一人ひとりが自立する」という気持ちが必要なのです。

とはいえ人間ですから、ときには体調がすぐれない日や気持ちが下を向くこともあるはずです。そんなときには、チームメイトに迷惑をかけてしまうこと、助けてもらうこともあるでしょう。**支え合うことや助け合うこともチームワークの一つ**なのです。

しかし、**その人の「日頃の在り方」が、チームメイトの「自発的な」サポートや応援につながるのだと思います。**

つまり、「チームに迷惑をかけてもいいや」という思いで準備や努力することなく、その輪の中にいる人と、**「チームのために自分には何ができるのか。今の自分にやれることはなにか」と考えた行動を積み重ねている人**とでは、チームに与える影響力が異なってくるのです。

「できることとやれること」。それはなにも経験から得たスキルや仕事の成果の話だけではありません。新人メンバーがチームやお客さまに与える影響については前述しましたが、仕事の経験が浅いメンバーにも、チームに貢献できることはあるのです。

新たなメンバーの**前向きな姿勢やひたむきさは、他のチームメンバーにとってよい刺激となり、また、初心を思い出させてくれるものです。**

たとえば、チームにフレッシュな風を送り込む新人CAのいるフライトは、チームが温かい雰囲気に包まれることが多く、同時に、ミスが起きないように全員でフォローしようという心地よい緊張感が生まれます。

メンバーがそれぞれの立場でベストを尽くそうという気持ちはチームワークの醸成につながり、そういった空気はお客さまにも伝わります。

「今の自分のベストを尽くすこと」、その意識は、スキルや経験以上にチームワークに大きく影響するのだと思います。

目指すゴールを共有することでチームは醸成される……………

また、ベストを尽くす方向を見失わないために必要なことは、**チームが目指すゴールの共有です。**

ゴールとは、企業理念やお客さまと約束していることです。

航空業界であれば、一番目に安全運航、次いで快適性や定時性となります。たとえば、お客さまの手を煩わせてしまう手荷物収納のご協力や離着陸時の各種お願いは、ときどきお客さまの気分を害してしまうことがあります。

お客さまの笑顔が見たいという想いはCAならば誰もがもっている気持ちではあります。しかし、「安全運航」というゴールは優先順位がもっとも高いものです。

そこをはき違えて、「お客さまの笑顔を優先＝自分のベストを尽くしたいいサービス」と解釈してはならないのです。**ひたむきな努力も、情熱も方向を間違えると、チームが目指すゴールとのズレが生じてしまいます。**

すべてに優先される保安要員としての役割、それを果たしたうえで接客のプロとしてベストを尽くすという意識が大切なのです。

チーム内でのゴールの共有は、チームとしてどこを目指すのかということを明確にするものです。方向を間違えるメンバーを生み出さないためにも、重点を置くべきだと思います。

最後にお伝えしたいことは、**仲間への敬意とチームに在籍していることへの感謝**です。これは、目上の人に対しても、目下の人に対しても同じことです。「仲間への敬意」。口でいうのは簡単なことですよね。しかし、現実的には難しいことなのかもしれません。それは研修をしていても感じることです。

実際に敬意をもっていても、コミュニケーションに課題があり、その想いが相手に伝わっていないケースや、そもそも利己の心しかもっておらず、仲間への感謝に欠ける人もいるようです。

組織に軋轢があったり、「出る杭は打たれる」という風土であったりと、なかなか「感謝や敬意」をもつ気持ちにならないという人もいるかもしれません。

世の中の常識から逸脱しているようなブラック企業ならば「在籍していることへの感謝」などもつことができないのは理解できます。

しかし、自ら選んでそのチームに加わっておきながら、不平不満の気持ちで心が占領されているというのは、誰にとっても幸せではありません。

結局のところ、最後は自分で選択するしかありません。誰かがやっているから、誰かがやっていないからという視点ではなく、**「自分はどうしたいのか、どう在りたいのか」という軸をもつことが一番重要なのです。**

チームという組織に属してはいても、自分の頭で考え、自分の行動に責任をもつこと、そして、仲間への敬意と感謝の気持ち。一人ひとりが強く優しい「個」であること、そんな仲間とともにゴールに向かって進んでいく喜びと誇り。

そのようなスパイラルが、**さらなる「上質なチームワーク」を育んでいく**のだと私は思っています。

KEY POINT 3

実体験に基づいた3つの「チームワーク」

痛恨のミスをカバーしてくれたチームワーク

CA時代の恥ずかしいエピソードは数えきれないほどあります。これは、私がもっとも冷や汗をかき、一緒にフライトをしたチームメンバーに心から申し訳なかったと思ったフライトの話です。

国内線で普通席でも茶菓《さか》をサービスしていたころ、その茶菓の搭載数を確認するのは、GLY《ギャレイ》（キッチン）の担当者でした。

その日のフライトは、新人の私がその仕事の担当。実際に飛行機に積まれている茶菓の数は、お客さまの予約数によって変わります。

そのため、キッチン担当者はいくつかのカートに分かれて搭載されている茶菓の数を合わせ、その合計数を確認書と照合する必要があるのです。

本来はまず自力で計算し、その後に確認書、もしくは搭載スタッフと一緒に照合という流れです。

その手順があるからこそミスを防ぐことができるのですが、時間がなく気持ちがあせる状況での計算は、いつもならできる簡単な足し算さえも間違えてしまうことがよくあります。

次の便の出発まで時間がない。そして、過去には自分の計算が間違っていたことがほとんどだったという自分自身の記憶から、その日、私は何度やっても数の合わない計算を諦めて確認書の数字を信じてしまったのです。

しかし運の悪いことに、この日に限っていつもはほぼパーフェクトである搭載スタッフの確認書にミスがあったのです。

実際には、私のカウント通りの数しか茶菓の搭載はありませんでした。足りない茶菓の数は80個……。

それに気づいたときには、もう飛行機がターミナルを離れていました。血の気が引くとはまさにこのこと。心の中で「飛行機止めてー！」と叫びました。

チーフやクラス責任者である先輩、そして他のメンバーにもその情報は共有され、「ないものは仕方ない」という前提で、「さあ、どうするべきか」という相談が始まりました。

消えてしまいたい気持ちでその輪に入り、皆にお詫びの限りを尽くしましたが、誰一人として私を責める人はいませんでした。


もちろん、心の中まで垣間見ることは不可能ですが、議題は、「まずは一緒にフライトをするメンバーで問題を解決する」「ご搭乗のお客さまにご納得いただける最大限の策を考える」という二つに絞られていました。

自分のミスでパニックになり、申し訳ない気持ちで身動きも取れずにいた新人の私は、先輩方の冷静な対応とチームとしての優先順位を考えるという姿勢を見て、多くのことを学ばせていただきました。

先輩方が最終的に決めたサービスの方法、そして、他のチームメンバーの質の高い対応のおかげで、この件に関してのクレームは一件もでませんでした。

いつもならアッという間に到着してしまう国内線のフライトを、これほど長く感じたことはありません。もう二度と同じミスはするまいと固く心に誓ったフライトとなりました。

胃の縮む思いでなんとか着陸し、そして、お客さまが降機なさったあと、迷惑をかけたチーフにあらためてお詫びにいきました。

私のせいで、地上スタッフとの連絡、到着地での茶菓の手配、お詫びのアナウンス、各方面への報告書作成など、仕事を増やしてしまったことに対して、本当に申し訳ない気持ちでいっぱいでした。怒られて当然でした。

しかし、「今日は本当に申し訳ございませんでした。いい加減なことをした私のせいです」という私の言葉に、チーフは「すべてはチーフである私の責任です」とおっしゃるだけでした。

この言葉は、きつく注意をされることよりも心に刺さり、今でも忘れることができません。チームのトップである責任者としての背中を見せられた瞬間でした。

このフライトで、トラブルを起こしてしまったのは紛れもなく私でした。

しかし、先輩方は「一緒に確認をすればよかった」「忙しいときほど慌てないでと声をかけてあげればよかった」など、「このミスを次に生かすためにどうすればよかったのか」という視点で声をかけてくださいました。

自らの失敗でたくさんの人に迷惑をかけてしまった私ですが、チームワークのありがたさと素晴らしさが身に染みた経験となりました。

「チームとしてどうあるべきか」

今、私がこのような話を広くお伝えすることができるのも、すべてはCAとして乗務していたころにお世話になった多くの方のお力添えあってのことなのです。

●チームワークで「安全」と「快適」を満たすことができたフライト

まだ「ジャンボ」と呼ばれる二階席つきの飛行機があったころの話です。

その日、私は二階席の担当でした。空席は、一階客室後方に二席しかなく、とても混雑したフライトでした。二階席のお客さまがほぼお座りになった様子をみて、手荷物の収納状況の確認に行くと、足元に杖を置かれているご高齢の男性のお客さまがいらっしゃることに気づいたのです。


飛行機の座席は、安全上の理由からお客さまによっては自由にお座りいただけない席があります。規定では、自力で階段の昇降が不可能なお客さまは、二階には着席できないことになっていました。

そのため、その杖が「補助的なもの」なのか、杖がないと昇降できないのか、確認させていただく必要があったのです。

お客さまのお返事は「杖がないと階段の昇降は無理」というものでした。その場合、心苦しいことですが、二階席にはお座りいただくことができないのです。

サービスに関することであれば、臨機応変に済ませることもできますが、乗務員は保安要員でもあります。

航空機は一番安全な乗り物といわれ、緊急脱出も万が一の可能性です。しかし、その万が一はいつくるかわかりません。だからこそ、お客さまからのご理解を得ることが難しいことでも、日々安全について真摯に向き合う必要があるのです。

このお客さまに事情を説明し、一階席への移動をお願いしたものの、断固拒否。おみ足が悪いからこそ、わざわざ飛行機の昇降口に近い席を取ったのだというお気持ちもわかりましたし、一度落ち着いた席から移動することは億劫であるということも充分に理解できました。

とはいえ、安全に関することです。何度も依頼を試みましたが、移動してくださる気配はありません。そうこうしているうちに時間は過ぎていき、飛行機は滑走路へ向かい始めました。

「このままでは離陸できない。他のお客さまにご迷惑をかけるわけにはいかない」

保安要員としての自分と接客要員としての自分の狭間で揺れましたが、もう時間がありません。お客さまが激怒しても仕方がない、クレームになっても仕方がないという気持ちで、はっきりと「このままでは離陸することはできません。速やかな座席の移動をお願いします」と申し上げました。

想定していたとはいえ、お客さまはこの言葉に激昂《げっこう》しました。

プロの接客要員でありながら、お客さまを傷つけてしまった不甲斐なさに涙が出そうになりました。

すると、一階席担当のCAが満面の笑みで、私とそのお客さまのもとにやってきました。

そして彼女は、「お客さま、お迎えにあがりました」といってニコニコしているのです。二階席から追い出されるような扱いを受けたお客さまを、温かく包み込むような笑顔でした。

そして、「お席の準備が整っております」「わたくしがお席までご一緒します」と声をかけながら、頑なに移動を拒んでいたお客さまを一階席まで案内してくれたのです。


私とそのお客さまのやり取りをみていた別のCAが、緊迫した状況を一階席担当のCAに報告し、万全の態勢でお迎えするように連携をとってくれていたのです。まさに仲間のチームワークに救われた出来事でした。


その後、そのお客さまの様子が気になった私は、サービスが終わってからあらためてお詫びにうかがうことにしたのです。

保安要員としての対応に間違いはありませんでしたが、ご不便をかけたこと、傷つけてしまったことは事実です。

そうはいっても「私の顔を見たらまた怒り出すのでは？」という不安もありました。

しかし、移動した席のＣＡのサービスに非常にご満足いただけたようで、お客さまは笑顔で私を迎えてくれました。

その笑顔にホッとした私は思わず本音がもれてしまい、「わたくしも本当は、あのようなご案内をするのは非常に心苦しかったのです」とお伝えすると、お客さまは「キミは悪くない。困らせてごめんね」と言ってくださいました。

その言葉には、たまらず涙がこぼれてしまいました。

他のＣＡが連携をとり、お怒りだったお客さまを温かく迎え入れることで、お客さまの頑《かたく》なな心を溶かし、最後はお客さまを笑顔に導いてくれました。チーム内での報告、連絡、情報の共有がいかされ、仲間のチームワークに救われた忘れられないフライトでした。

●水面下で支えてくれた仲間たちのチームワーク

私はＪＡＬに在籍していた中での２年間、客室教育訓練室という部署でサービス訓練の教官をさせてもらう機会がありました。この２年間は、長きにわたるフライト中心の生活とはまったく異なるものでした。

常に訓練生の模範としての姿を見せなければならない緊張感、訓練生の成長を間近で感じることができる喜び、お客さまに愛されるＣＡを育成する責任、とにかく夢中で全力を注いだ２年間だったような気がします。

多くの訓練生との出会いも宝物のような時間でしたが、ともに汗と涙を流した教官仲間との出会いは、私にとってかけがえのない財産となっています。

私が一緒に時間を過ごすことができた教官チームは、全員が愛と情熱とユーモアをもち合わせている人の集まりでした。

訓練スケジュールも非常にハードではありましたが、「このチームならばなんでも越えられそうな気がする」と感じさせてくれる人たちでした。

また、ぶつかっていけば受け止めてくださる上司、相談すれば親身になって話を聞いてくださる先輩教官の皆さまにも恵まれ、本当に幸せな時間でした。


ある日、上司から呼ばれ、次の担任クラスの打診を受けたときのことです。その訓練クラスは、以前から私が一度受けもってみたいと考えていたクラスでした。

しかし、そのとき、私の父が余命数ヶ月と宣告されていた時期だったのです。

担任を引き受けたい気持ちと、途中で訓練に穴をあけてしまったらどうしようという気持ちで揺れました。

その気持ちを素直に上司に打ち明けると、「アナタはどうしたい？　もし万が一のことがあっても必ずバックアップしますよ」と言ってくださいました。

父の余命が伸びることを祈りつつ、上司の言葉に甘えてそのクラスの担任を引き受けることを決めました。

しかし、訓練開始日が近づいたころ、父の容体はよくなることはなく、余命数週間と宣告されてしまいました。訓練開始の準備、父の容体、そして、まだ手のかかる二人の子どもの育児。

精神的にも肉体的にも、私はどんどん追いつめられていきました。そんな私の姿を見ていた先輩教官が私を呼びました。

「七條さんが気を遣うと思って、みんな黙っていたんだけどね。いつ、あなたに何があっても訓練に穴が開かないように、七條さんの授業のところは全部ダブルでピンチヒッターを用意してあるから。こんなときは安心してみんなに甘えていいんだよ」と言われたのです。

ただでさえ大変な授業準備です。タイトな訓練スケジュールの中、さらに追加の授業準備をすることは、他の教官にとって相当な負荷です。

申し訳ない気持ちとありがたい気持ち、そして、「一人でなんとかしなければいけない。迷惑をかけちゃいけない」と気負っていた自分が、スルスルと解けていくような気持ちでした。

この方たちなら甘えてもいいのだと素直に思わせてくれたチームの皆さんには、感謝しかありませんでした。

父は、訓練開講日、担任にしかできない授業の実施を待ってくれたかのように、訓練開始2日目に旅立っていきました。

「七條さんが不在の間は任せてください。訓練生の様子は報告しますからね」という仲間の心強い言葉のおかげで、安心して父を見送ることができました。

自身が大変な中でも、仲間の心に寄り添い、そしてチームとしてミッション遂行のための策を練り、どんな状況でも乗り越えてしまう最強のチーム。

そのようなチームメンバーに囲まれていた時間は、私の誇りでもあります。

チームワークに必要なものは、やはり、メンバーへの敬愛の気持ち。それを教えてくれたチームであり、感動した出来事でした。

おわりに

今から約一年前、アルファポリス社からWebビジネス記事連載のお話しをいただきました。当時、この連載が書籍化されるということは全く想像もしていませんでしたが、「元CAが書くもの＝おもてなし、マナーというような定番ではなく、もっと別の何かをお伝えしたいです」と、ご相談させていただいたことを覚えています。

CAは、お客さまの前に出るとき、整った身だしなみや配慮のある所作、親しみのある笑顔というものを意識しています。それらは、お客さまの目に映るものです。また、接客を通じて「心遣い」を感じていただくこと、これらはCAのあるべき姿として代表されるものです。それゆえ、多くの方の興味の対象は、その「見える部分」のスキルアップ方法であったり、参考になる接客の事例というものがほとんどです。

しかし、そのような「あるべき姿」を支えていたものは、一緒にフライトをする仲間や同じ理念《ゴール》を胸に仕事をしている仲間たちとの「チームワーク」が大きく影響していました。そして、そのチームワークの土台となっていたのは、日々の細かい報告、連絡、情報の共有の積み重ねと、「何のためにやるのか？」「どこを目指しているのか？」という目先に捉われることのない大きなゴールを見据えること、この2つだったような気がします。

そのような想いを抱えていた私は、ＣＡたちが仕事の質を高めるために取り組んでいるチームワークの育み方と、その継続の重要性について皆さまにお伝えしたいという一心で書き続けて参りました。

現在私は、講師として人材育成や接客マナーについて研修や講演をさせていただいておりますが、枝葉の部分となる「スキル」だけに注目したご依頼を受けることもあります。しかし、私は「スキル」を身につける前に、まずは「その職場の根っこや土台となるチームワーク」や「チーム員一人ひとりの在り方」というものを見つめ直すことがより重要であると思っています。

結局のところ、チームを構成しているのは「個」であり、その集合体が組織やチームになっているからです。人が集まれば必ずさまざまな感情が生まれます。だからこそ、意識的に決まりごとの徹底と考え方や方針を共有する必要性を感じます。

今回の書籍化にあたり、改めて自分の書いた文章を読み返しました。その感想をひとことで言うと「とにかく熱い」ということでした（笑）。

最後になりますが、仕事やチームに対しての不平不満や愚痴。私も含め、多くの人が口にしたことがあると思います。

しかし、そんなときは「自分はどれくらいチームに貢献したのか」「どれくらいチームにプラスの影響を及ぼしたのか」そして、「その場所を選択したのは誰なのか？」と考えることが大切だと思います。

実は恵まれている環境であること、サポートしてくれるチームメンバーがいること、自分で選んだ仕事であること、何よりも選んでくださるお客さまがいること。

これらには目を向けず不平不満を言い続けるのは、周囲にとっても、また本人にとっても何もいいことはありません。何事にも「感謝の気持ち」をもつことができる人は、その人自身も仲間やお客さまから応援され、幸せになっていくのだと思います。

仕事における「遣り甲斐」も、そのチームに在籍できた「喜びや誇り」も、それは誰に与えられるものでもありません。自分自身がどのようにお客さま、仲間、そして、チームと向き合ってきたのかという結果だと思います。

そのチームにいた軌跡を振り返ったとき、楽しかったことも嬉しかったことも、苦しかったことも悲しかったこともすべて、そこで得られた経験や学びはかけがえのない宝です。そう考えることができたなら、湧いてくる想いは「感謝」しかありません。

この本を読んでくださった方とそのチームがますます輝き、皆さまのお客さまに幸せをまき散らす一助となれば幸いです。

株式会社 GLITTER STAGE 代表取締役　七條千恵美

あなたは大切な人に、大切な言葉を
気持ちを込めて伝えていますか？

人生を決める「ありがとう」と「すみません」の使い分け

七條千恵美 著
Chiemi Shichijo

2つの言葉だけで
仕事も人間関係も
うまくいく
現代に必要な
「心」と「言葉」の
優しい磨き方

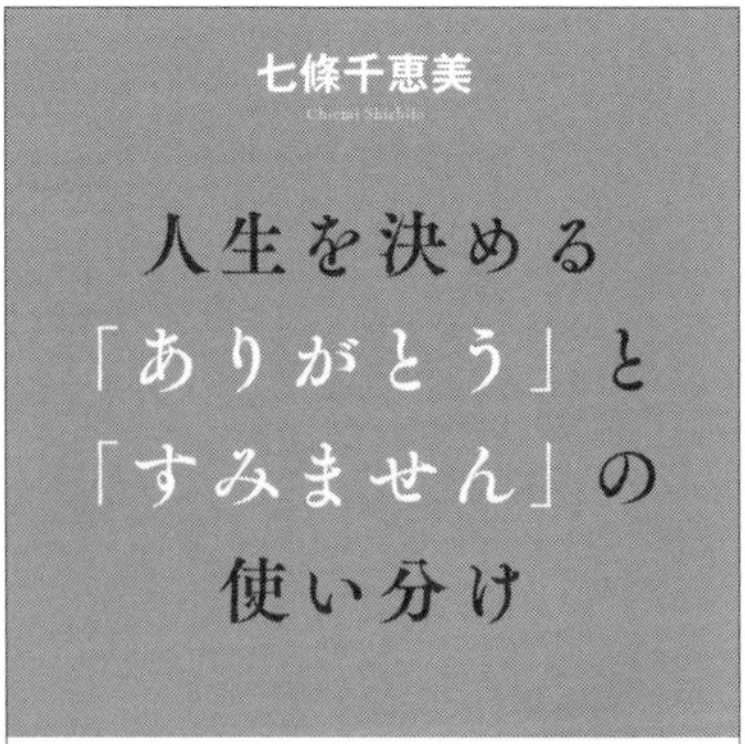

◉ISBN 978-4-434-22057-9 C0034
◉定価：本体1400円＋税

【著者紹介】

七條千恵美（しちじょう　ちえみ）

株式会社 GLITTER STAGE 代表取締役

同志社大学卒業後、日本航空株式会社に入社。

お客さまから多くの賞賛をいただいた客室乗務員に贈られる Dream Skyward 賞を受賞。さらには、その中でも際立った影響力を持つとして Dream Skyward 優秀賞を受賞。

皇室チャーターフライトの選抜メンバーにも抜擢される。

2010 年より、客室教育訓練室サービス教官として 1000 人以上の訓練生の指導にも従事。会社評価は最上級のＳ評価を受けるなど CA としても教官としても数々の実績を残す。

現在は株式会社 GLITTER STAGE の代表取締役として企業研修や人材育成など、さまざまなビジネスシーンで強い牽引力と高いスキルを存分に発揮しながら活躍中。

メールアドレス：info@glitterstage.jp

ザ・チームワーク

七條千恵美 著

2017年 1月 30日初版発行

編　集－原　康明
編集長－太田鉄平
発行者－梶本雄介
発行所－株式会社アルファポリス
〒150-6005 東京都渋谷区恵比寿4-20-3 恵比寿ｶﾞｰﾃﾞﾝﾌﾟﾚｲｽﾀﾜｰ5F
TEL 03-6277-1601（営業）03-6277-1602（編集）
URL http://www.alphapolis.co.jp/
発売元－株式会社星雲社
〒112-0012東京都文京区水道1-3-30
TEL 03-3868-3275
装丁・中面デザイン－ansyyqdesign
印刷－中央精版印刷株式会社

価格はカバーに表示されてあります。
落丁乱丁の場合はアルファポリスまでご連絡ください。
送料は小社負担でお取り替えします。

ISBN 978-4-434-22953-4 C0030